MALINS

CHANTECLER

COUPAGE ET COLLAGE

Pour reconstituer cette fleur, tu dois employer 4 moroeaux. Combien de fleurs entières peux-tu reconstituer avec tous ces éléments ?

Je peux reconstituer ..... fleurs entières.

LES FLEURS

c	n	c	l	o	t	t	m	u	g	u	e	t
p	a	p	â	q	u	e	r	e	t	t	e	k
c	r	r	v	h	t	u	l	i	p	e	y	l
o	c	e	c	r	o	s	e	e	d	t	l	i
v	i	o	l	e	t	t	e	a	i	f	y	l
m	s	t	j	u	l	a	i	l	a	u	s	a
o	s	j	o	n	q	u	i	l	l	e	i	s
d	e	e	l	r	i	r	i	s	b	v	c	l

? Marie a cueilli dix fleurs différentes dans le jardin. Peux-tu les retrouver dans la grille ci-dessus?

iris jonquille lilas ~~lys~~

muguet narcisse pâquerette

rose ~~tulipe~~ violette

LA RUE DES LILAS

Dans la rue des Lilas, il y a quatre maisons.
Grâce aux informations reprises ci-dessous, peux-tu classer ces maisons de la moins chère à la plus chère?

- Une maison avec lucarne dans le toit est plus chère qu'une maison sans lucarne.
- La maison dont la porte n'est pas au centre de la façade n'est pas la plus chère.
- Une maison à six fenêtres est plus chère qu'une maison à cinq fenêtres.
- La maison dont la porte n'est pas au centre de la façade est plus chère que la maison à cinq fenêtres.

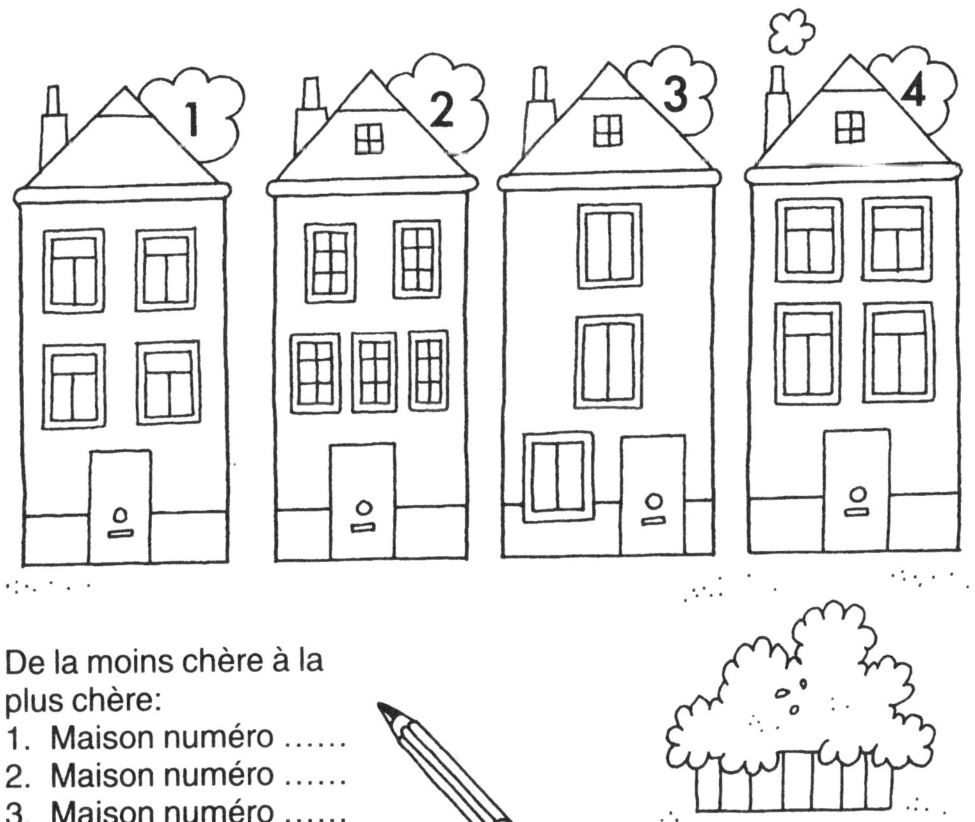

De la moins chère à la plus chère:

1. Maison numéro ......
2. Maison numéro ......
3. Maison numéro ......
4. Maison numéro ......

LES CLOCHES

Effectue chaque calcul et inscris le résultat dans le battant de la cloche. Ensuite, tu peux colorier ces cloches.

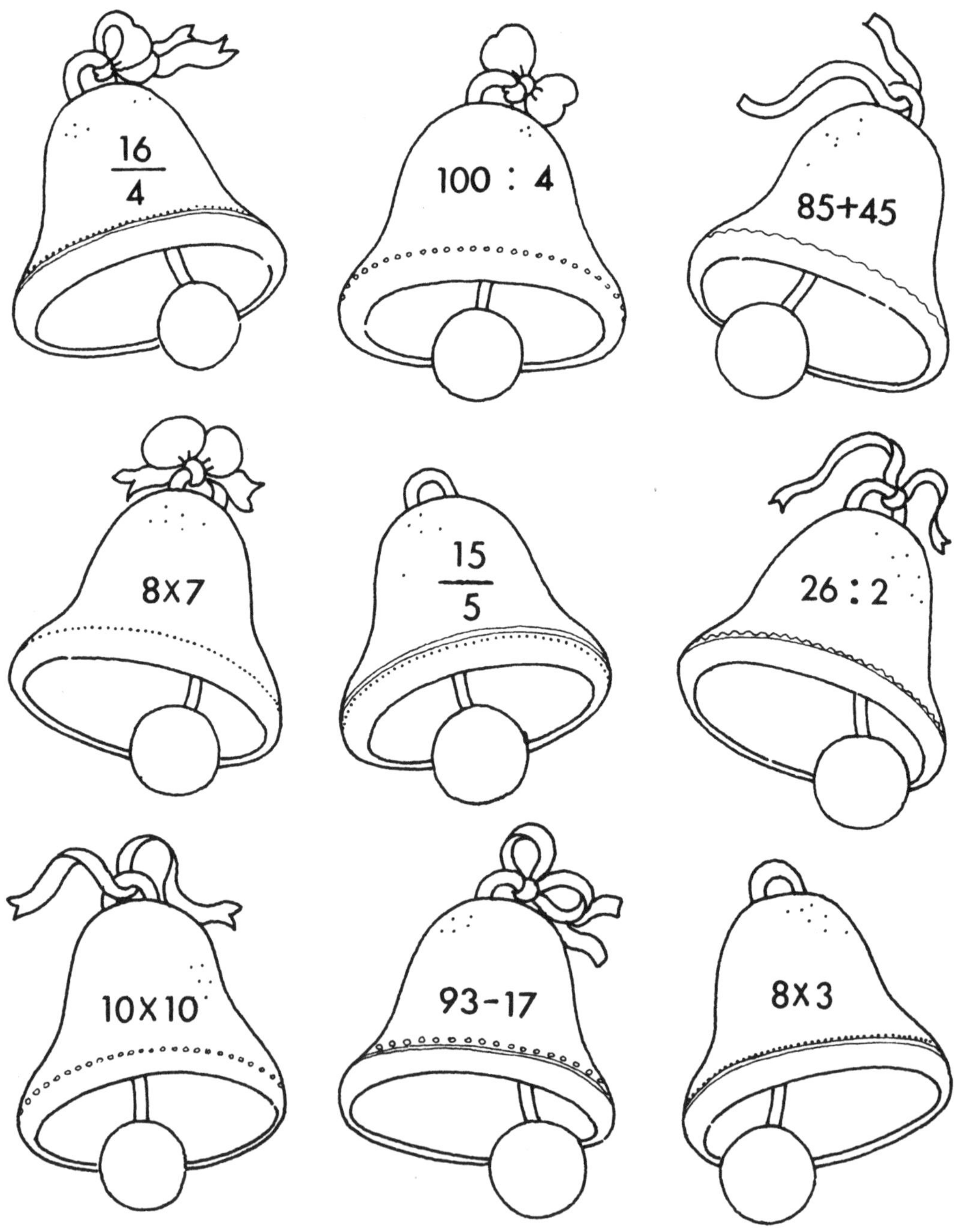

Mots fléchés

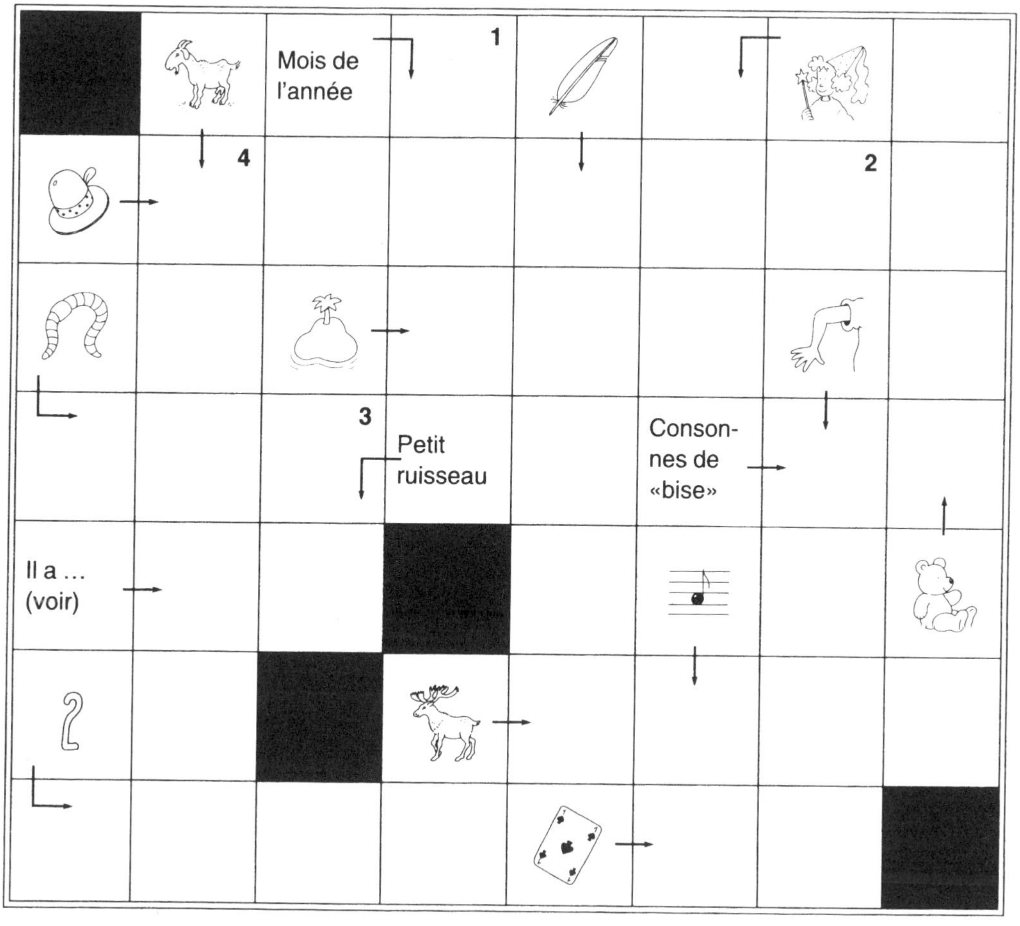

		Mois de l'année	1				
	4					2	
		3	Petit ruisseau		Consonnes de «bise»		
Il a … (voir)							

Recherche les cases portant un chiffre. Inscris, dans le train, les lettres correspondantes pour former un mot.

Qui se trouve dans le train?

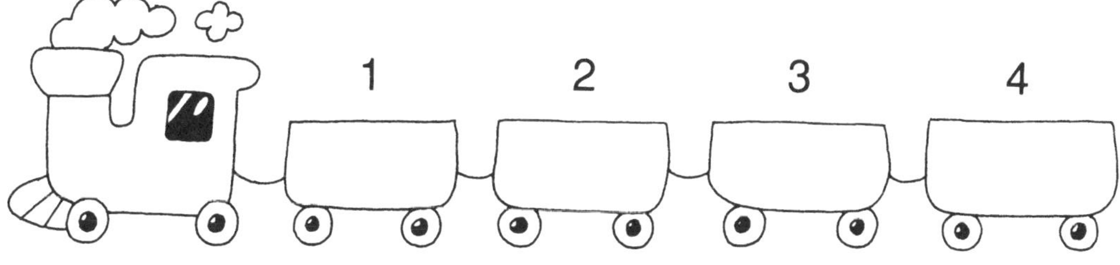

CHEZ LE DENTISTE

t	k	g	e	n	c	i	v	e	l	m	q	p
k	j	h	g	f	d	b	r	o	s	s	e	l
d	r	f	p	j	c	a	r	i	e	o	t	o
e	u	r	i	n	c	e	r	l	k	i	o	m
n	l	z	q	m	p	o	l	k	i	g	b	b
t	n	h	û	f	g	h	j	u	y	n	j	a
v	f	r	r	h	f	r	a	i	s	e	k	g
n	x	d	e	n	t	i	s	t	e	r	j	e

? Michel est allé chez le dentiste. Il a caché dix mots dans la grille ci-dessus. Peux-tu les retrouver?

brosse carie dent dentiste

fraise gencive piqûre

plombage rincer soigner

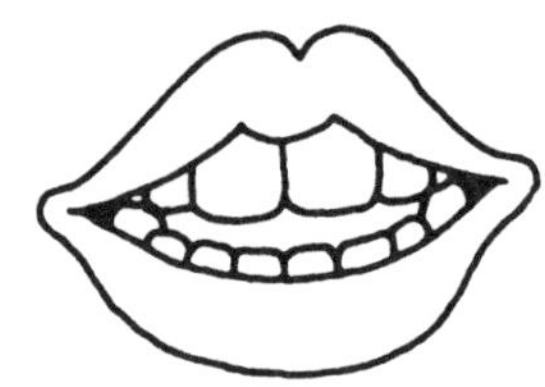

LE CLAN DES FILLES

Inscris sous chaque fille son véritable prénom; tous les noms sont inscrits sur la maison.

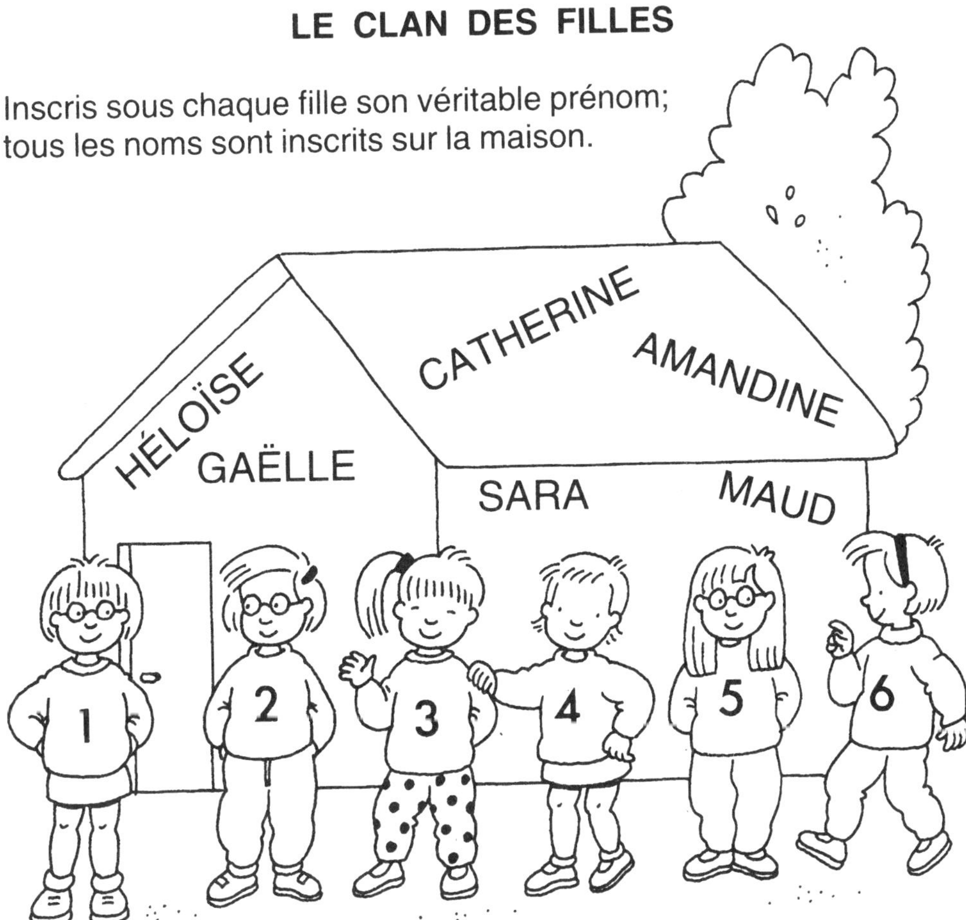

- La fille sans lunettes et aux cheveux longs a un nom de sept lettres.
- La fille aux cheveux courts, qui n'a pas de jupe mais bien des lunettes, porte un nom contenant deux consonnes .
- La fille aux longs cheveux portant des lunettes a un nom contenant deux voyelles identiques.
- La fille sans lunettes et avec une jupe a le nom le plus long.
- La fille aux cheveux courts, qui porte un pantalon et pas de lunettes a un nom qui vient en tête dans l'ordre alphabétique.

LE DESSIN MYSTERIEUX

Colorie toutes les surfaces comprenant un nombre divisible par 4.
Que vois-tu apparaître ?

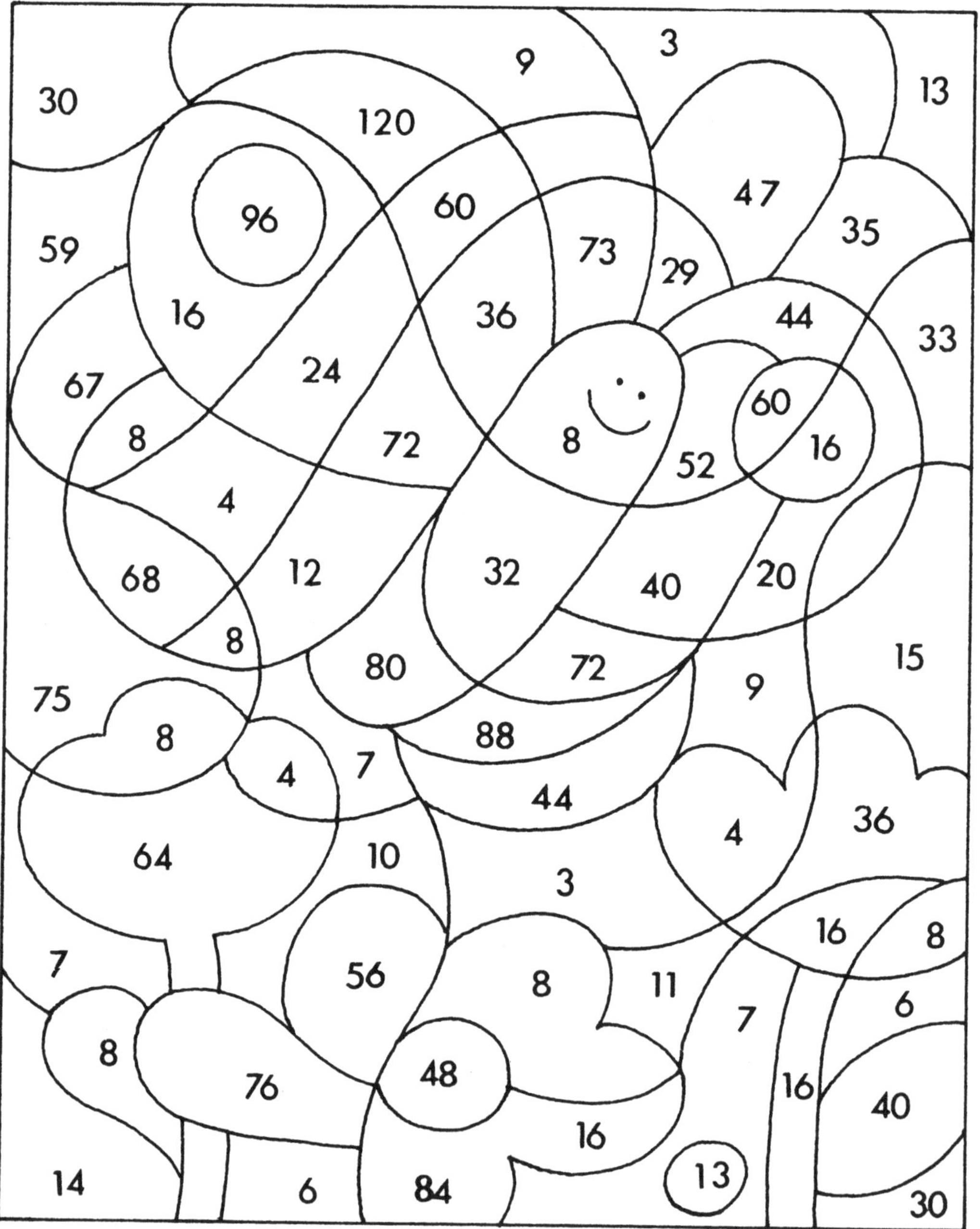

LES PETITS TRAINS

Chaque wagon porte un numéro. Observe attentivement la succession des chiffres. Quel chiffre dois-tu écrire sur la locomotive?

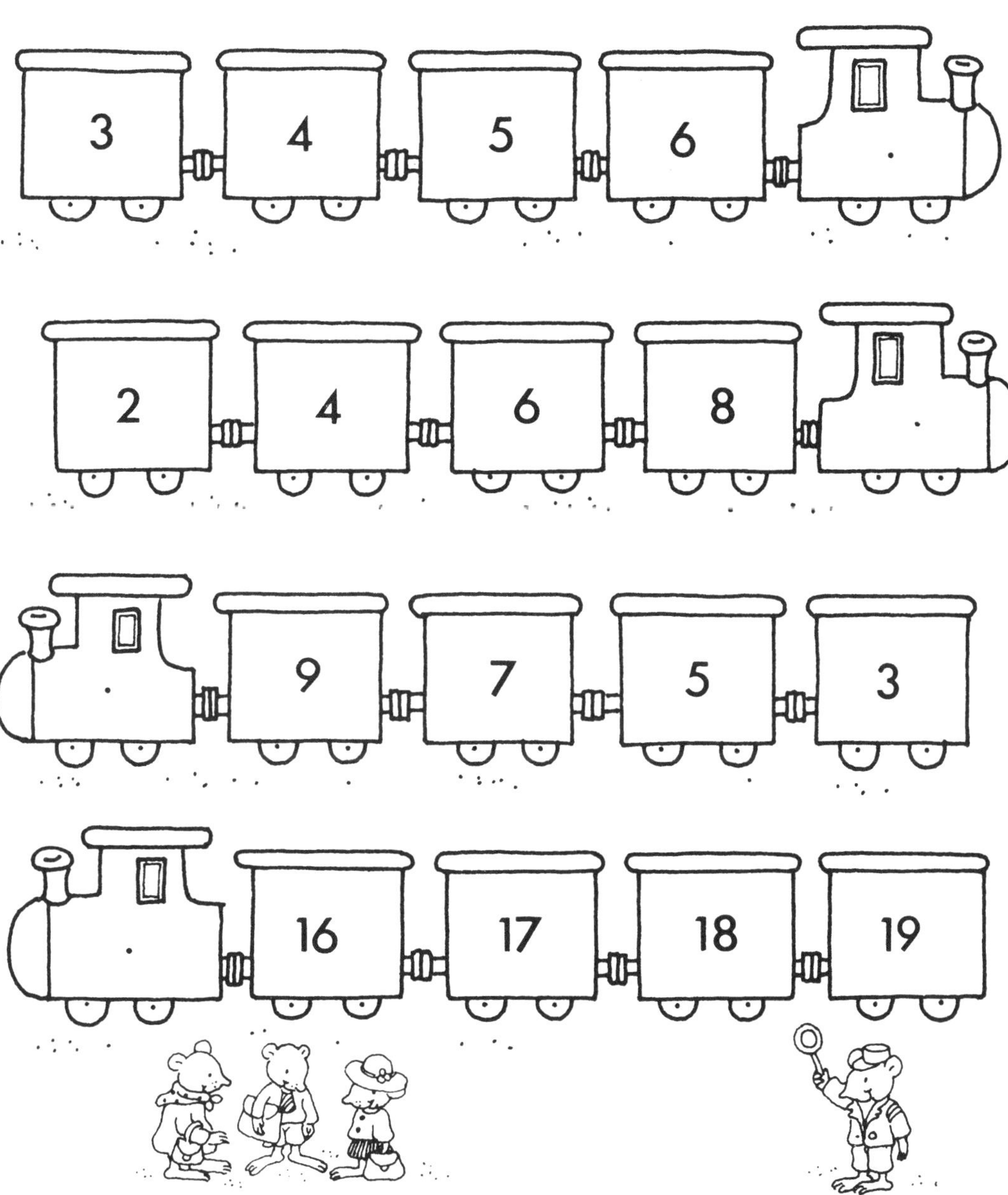

Mots fléchés

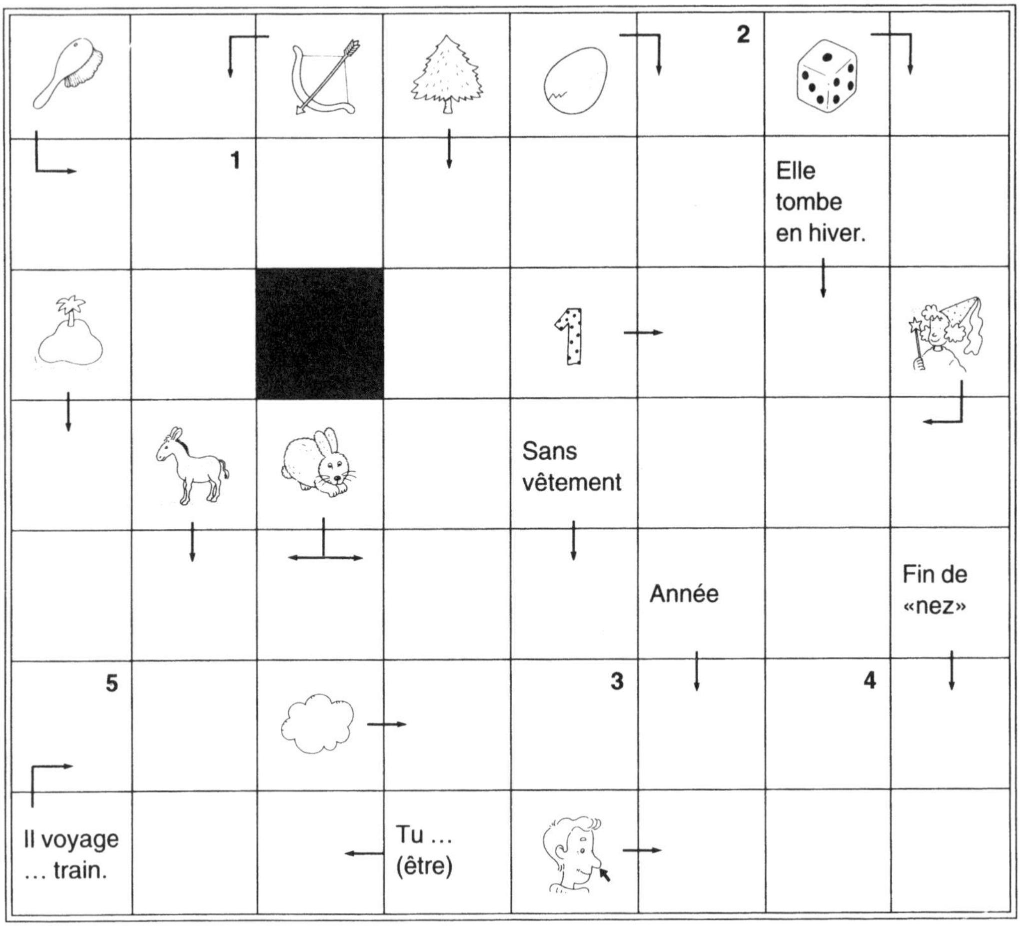

					2		
	1					Elle tombe en hiver.	
		■					
				Sans vêtement			
					Année		Fin de «nez»
5				3		4	
Il voyage … train.			Tu … (être)				

Recherche les cases portant un chiffre. Inscris, dans le train, les lettres correspondantes pour former un mot.

Quelle est la couleur du train?

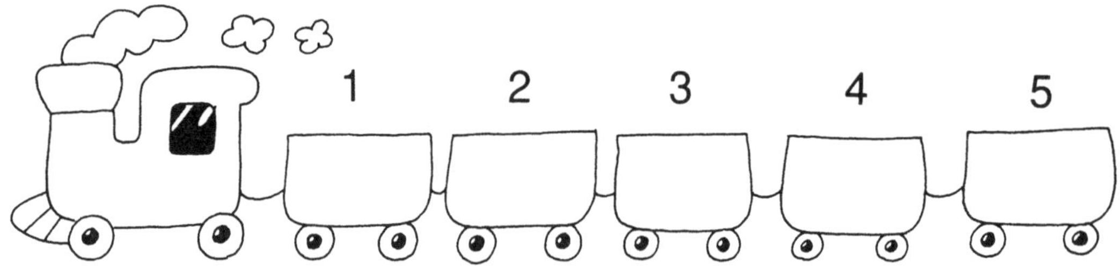

CHEZ LE FLEURISTE

1. Les fleurs finissent par se ...
2. Plante violette du Midi de la France
3. L' ... de la rose me pique les doigts
4. En faire bon ...
5. La rose est la fleur du ...
6. L' ... est aussi une partie de l'œil
7. Les pois de ... forment une haie
8. Il faut ... les arbres fruitiers chaque année
9. Au printemps, on voit ... les bourgeons

PROMENONS LE CHIEN

Chaque chien doit être tenu en laisse. Effectue les calculs et relie par un trait les chiens et leur maître respectif.

Rébus

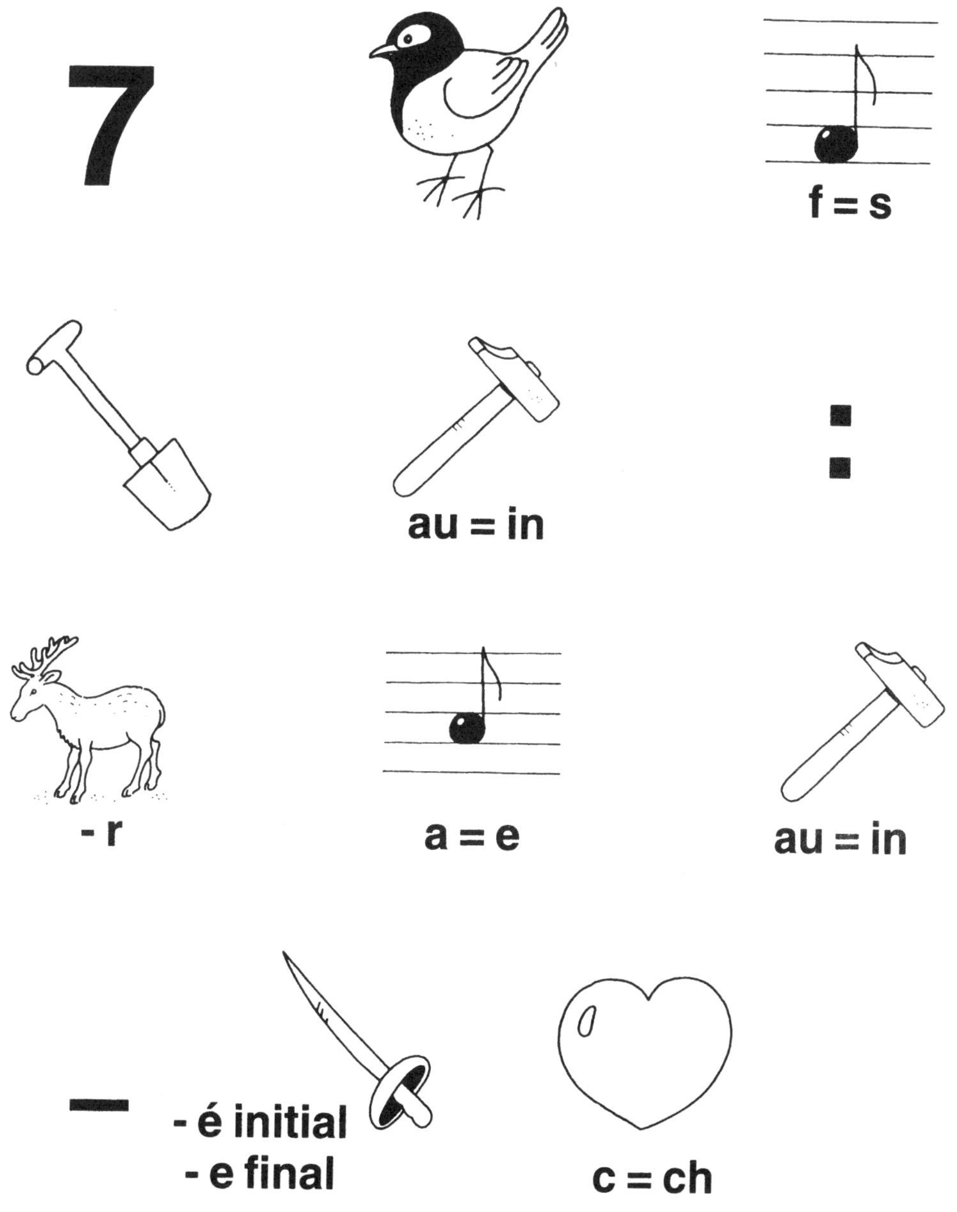

....

Solution: Cet oiseau s'appelle Martin: c'est le martin-pêcheur.

SUR LA BALANCE

Détermine le poids du sac, du cube et de la boîte rectangulaire.

le sac pèse ..... kilos;
le cube pèse ..... kilos;
la boîte rectangulaire pèse ..... kilos.

A LA FERME

c	é	t	a	b	l	e	i	u	j	h	n	b
p	c	o	c	h	o	n	g	f	d	s	q	f
o	u	j	h	e	h	a	v	c	e	h	g	e
u	r	g	b	v	o	i	u	h	k	l	m	r
s	i	g	t	a	u	r	e	a	u	k	j	m
s	e	f	n	c	o	x	m	m	f	i	b	i
i	f	k	g	h	p	z	u	p	o	u	l	e
n	f	c	h	e	v	a	l	g	f	d	s	r

? Marine a visité une ferme; elle y a vu beaucoup de choses. Peux-tu les retrouver dans la grille ci-dessus?

champ   cheval   cochon

écurie   étable   fermier

poule   poussin   taureau   vache

CALCULS CROISES

Complète avec les opérations et les chiffres manquants.

3	-	2	=	
		+		
	-		=	8
=		=		=
	-	4	=	9

	+	12	=	20
+				-
11	+		=	
=		=		=
		11	=	8

	-	15	=	
-				+
13	+		=	15
=		=		=
7		13	=	

18		4	=	
		-		-
	-		=	10
=		=		=
7	-	3	=	

MOTS FLECHES

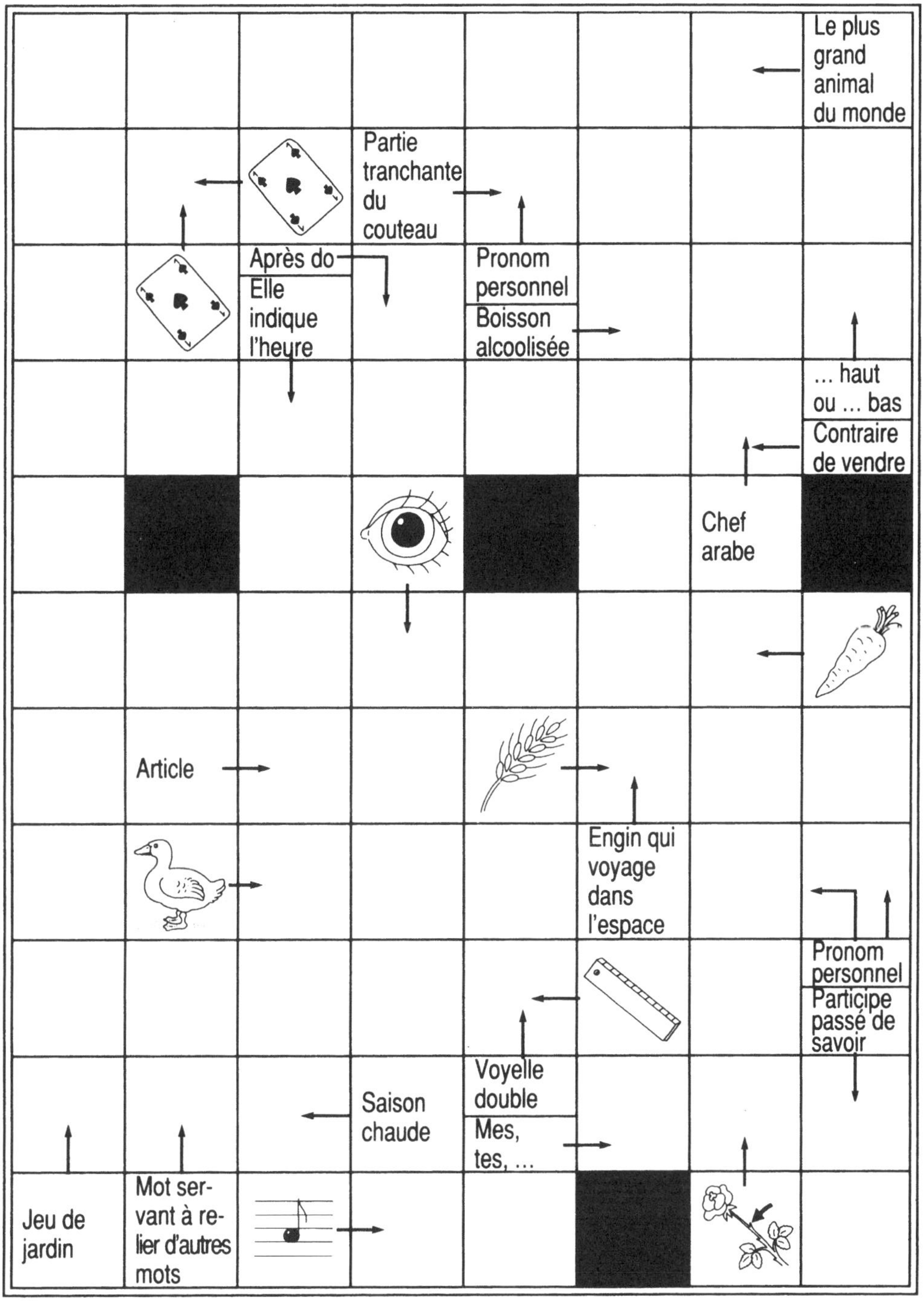

							Le plus grand animal du monde
			Partie tranchante du couteau				
		Après do Elle indique l'heure		Pronom personnel Boisson alcoolisée			
							... haut ou ... bas Contraire de vendre
	■			■		Chef arabe	■
	Article						
					Engin qui voyage dans l'espace		
							Pronom personnel Participe passé de savoir
			Saison chaude	Voyelle double Mes, tes, ...			
Jeu de jardin	Mot servant à relier d'autres mots				■		

Jeu de réflexion

Inscris sur chaque panneau le nom des animaux. Les lettres à utiliser sont inscrites en désordre sous chaque panneau.

QUOREPRET

GRITE

BEZÈR

SURO

FRIAGE

SORNIHRÉCO

PHLÉÉTAN

NISEG

OCILROCDE

OLNI

Relie chaque panneau au dessin de l'animal correspondant.
Quels animaux se cachent derrière le mur?

 Mots fléchés 

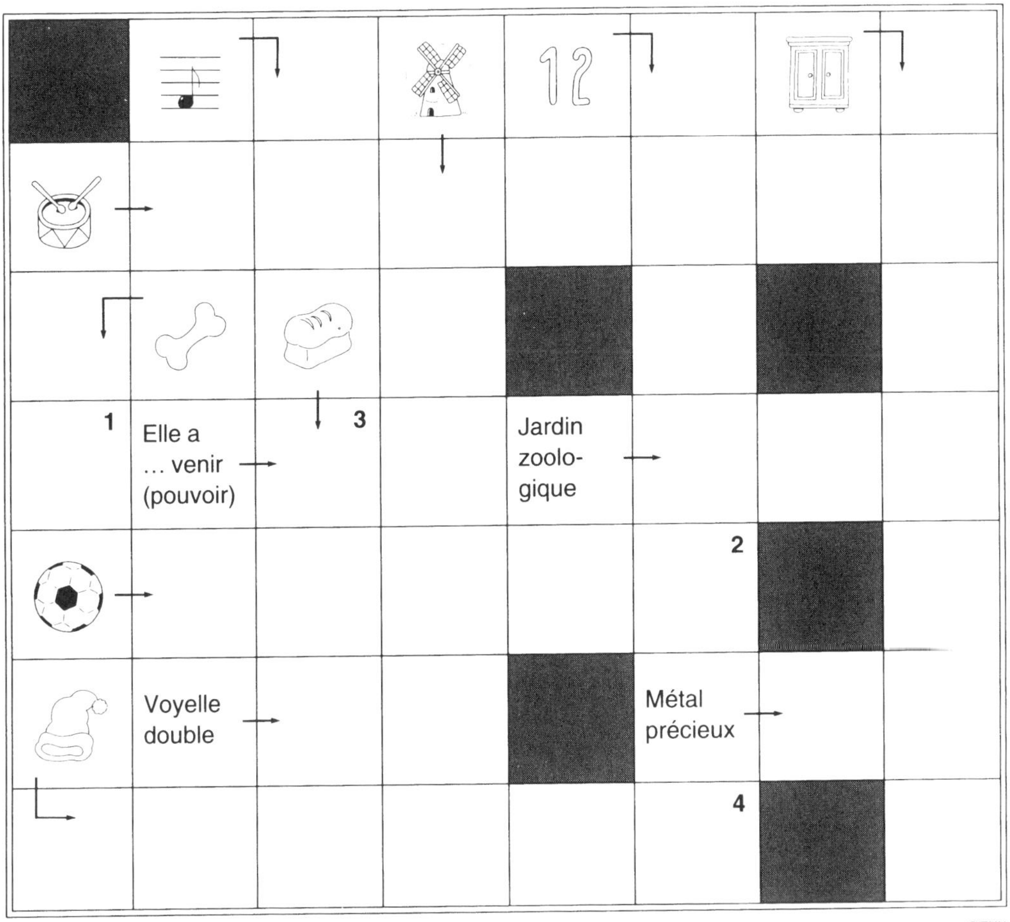

1	Elle a … venir (pouvoir)	3		Jardin zoologique			
					2		
	Voyelle double				Métal précieux		
					4		

Recherche les cases portant un chiffre. Inscris, dans le train, les lettres correspondantes pour former un mot.

Combien de voyageurs sont assis dans le train?

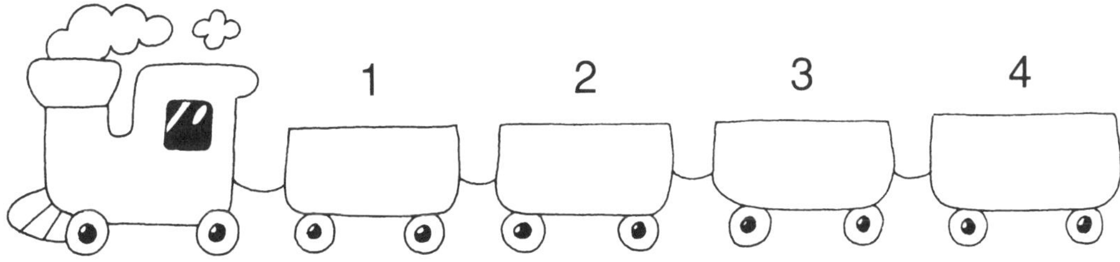

A TROUVER : MEUBLE

Suis le labyrinthe. Chaque mot doit commencer par la dernière lettre du mot précédent.

1. De quelle couleur est le pré? Il est …
2. Il n'est pas tôt : il est …
3. Masculin de duchesse.
4. Il a de grosses pinces et tu peux le pêcher.
5. Les roses sont toutes fanées : … manquaient d'eau!
6. Mon grand-père n'entend plus : il est devenu …
7. Elles nous servent à mordre les aliments.
8. On la dépose sur le cheval pour le monter.

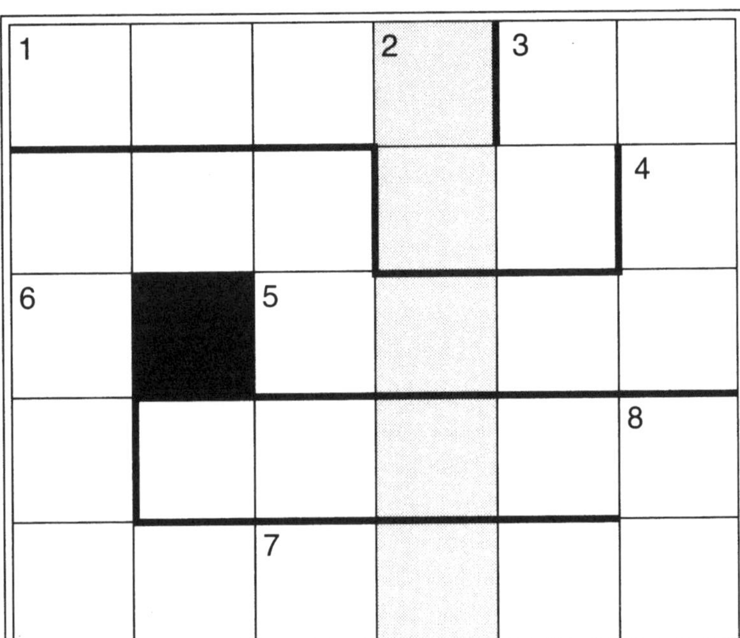

1			2	3	
					4
6	■	5			
					8
		7			

Quel mot lis-tu dans les cases grises?

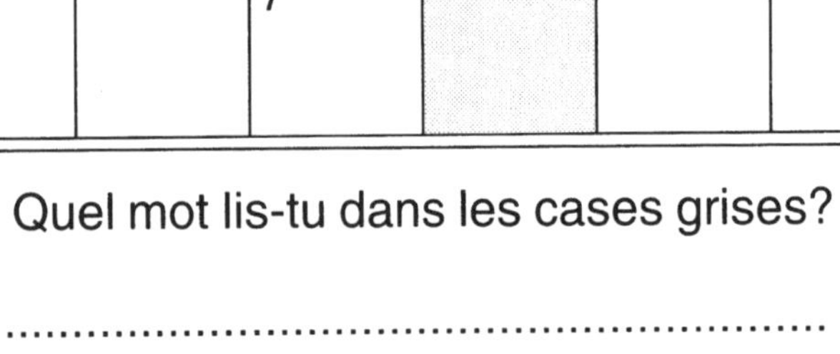

……………………………………………………

DU PLUS GRAND AU PLUS PETIT

Effectue chaque calcul et inscris le résultat à côté de la lettre correspondante. Range ces résultats dans l'ordre décroissant, c'est-à-dire du plus grand au plus petit et inscris-les dans le premier cadre (bas de page). Recopie ensuite les lettres correspondant à ces chiffres dans le même ordre et dans le deuxième cadre.
Quel mot découvres-tu ?

30 x 2 x 10 = ☐ O

(40 x 20) + 23 = ☐ E

(61 + 50) x 7 = ☐ L

100 + 100 - 1 = ☐ E

(20 + 25) x 10 = ☐ N

(50 x 10) -1 = ☐ G

(70 + 42) x 5 = ☐ I

18 x 4 x 4 = ☐ M

(100 + 82) : 2 = ☐ N

(168 - 1) x 2 = ☐ E

(100 - 44) x 1= ☐ T

Jeu de réflexion

Chaque véhicule représente un chiffre différent. Dans la colonne de droite se trouve la somme de chaque rangée. En bas se trouve la somme de chaque colonne. À quel chiffre correspond chaque type de véhicule?

Un conseil: Commence par la cinquième rangée.

PROBLEMES D'ALLUMETTES

Déplace deux allumettes (ni plus, ni moins) de sorte qu'il reste exactement cinq carrés.

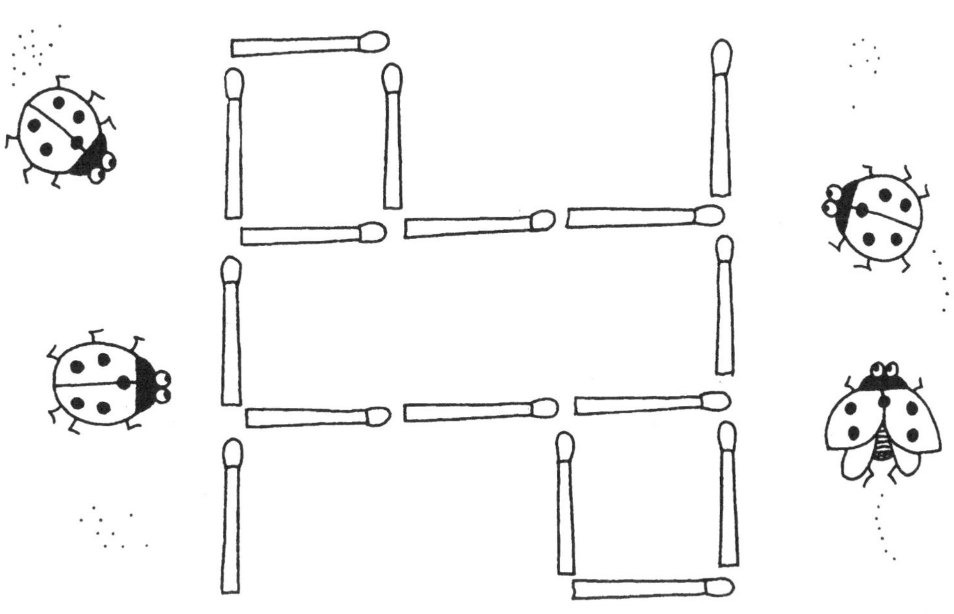

Déplace deux allumettes de sorte qu'il reste deux carrés.

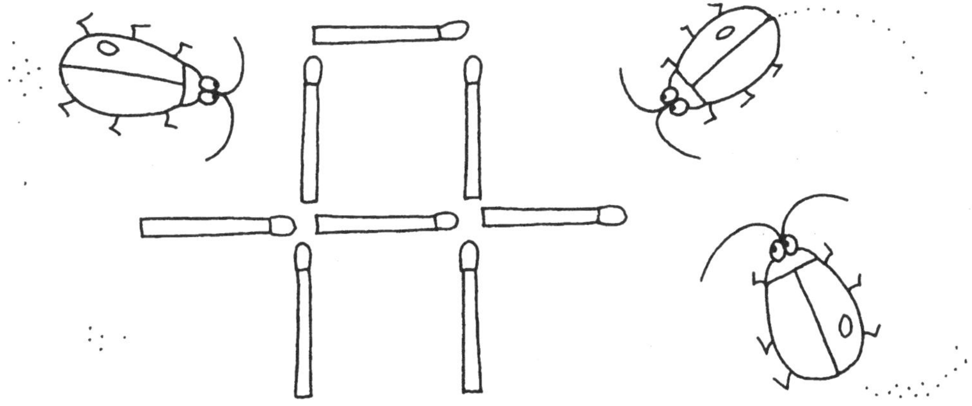

A CHACUN SON METIER

Relie par un trait chaque métier avec la boîte contenant un objet propre à ce métier. Les lettres composant le nom de cet objet sont mélangées.

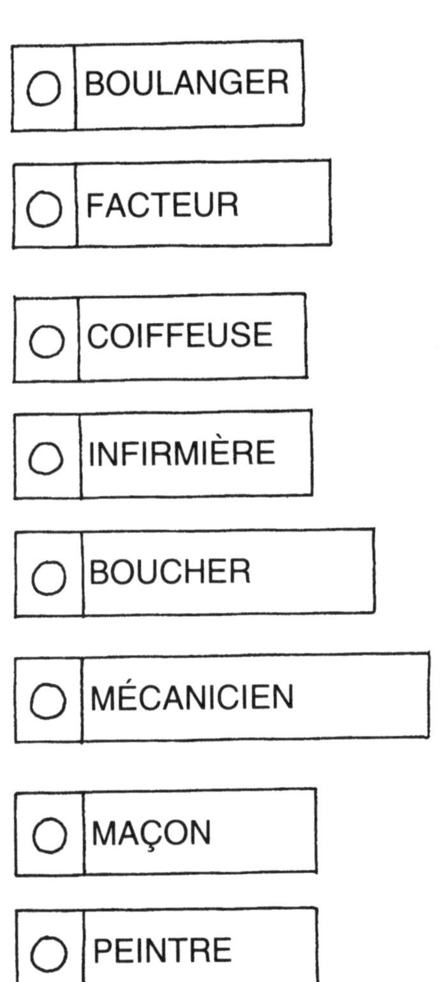

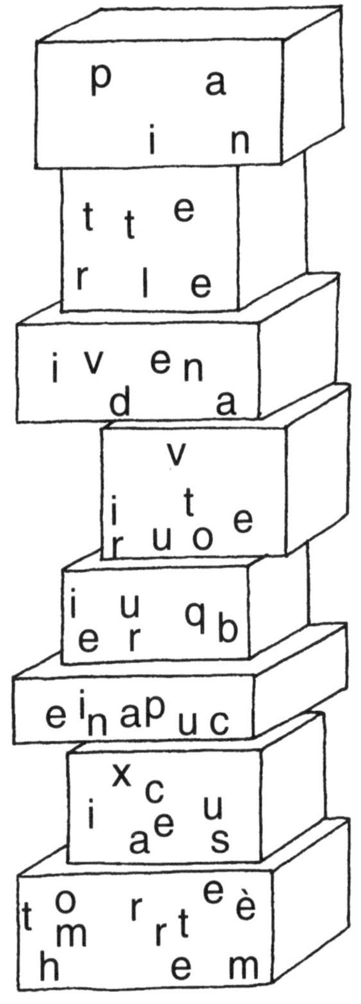

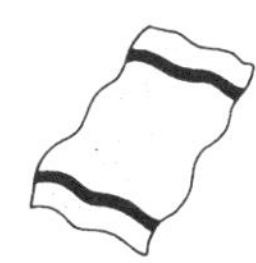

A LA PISCINE

t	r	e	m	p	l	i	n	h	y	g	t	i
o	c	b	a	l	k	j	b	o	n	n	e	t
b	j	l	i	o	p	d	f	g	a	w	q	x
o	h	g	l	n	i	o	p	p	g	m	m	b
g	v	t	l	g	i	u	p	p	e	h	h	o
g	f	d	o	e	g	c	b	c	r	q	z	u
a	r	z	t	r	y	h	h	b	v	f	r	é
n	z	e	a	u	z	e	c	a	b	i	n	e

? Pierre adore nager dans la piscine. Il a caché dix mots. Peux-tu les retrouver dans la grille ci-dessus?

bonnet bouée cabine

douche eau maillot nager

plonger toboggan tremplin

MOTS CROISES DE NOMBRES

Inscris en toutes lettres le résultat des calculs dans la grille.

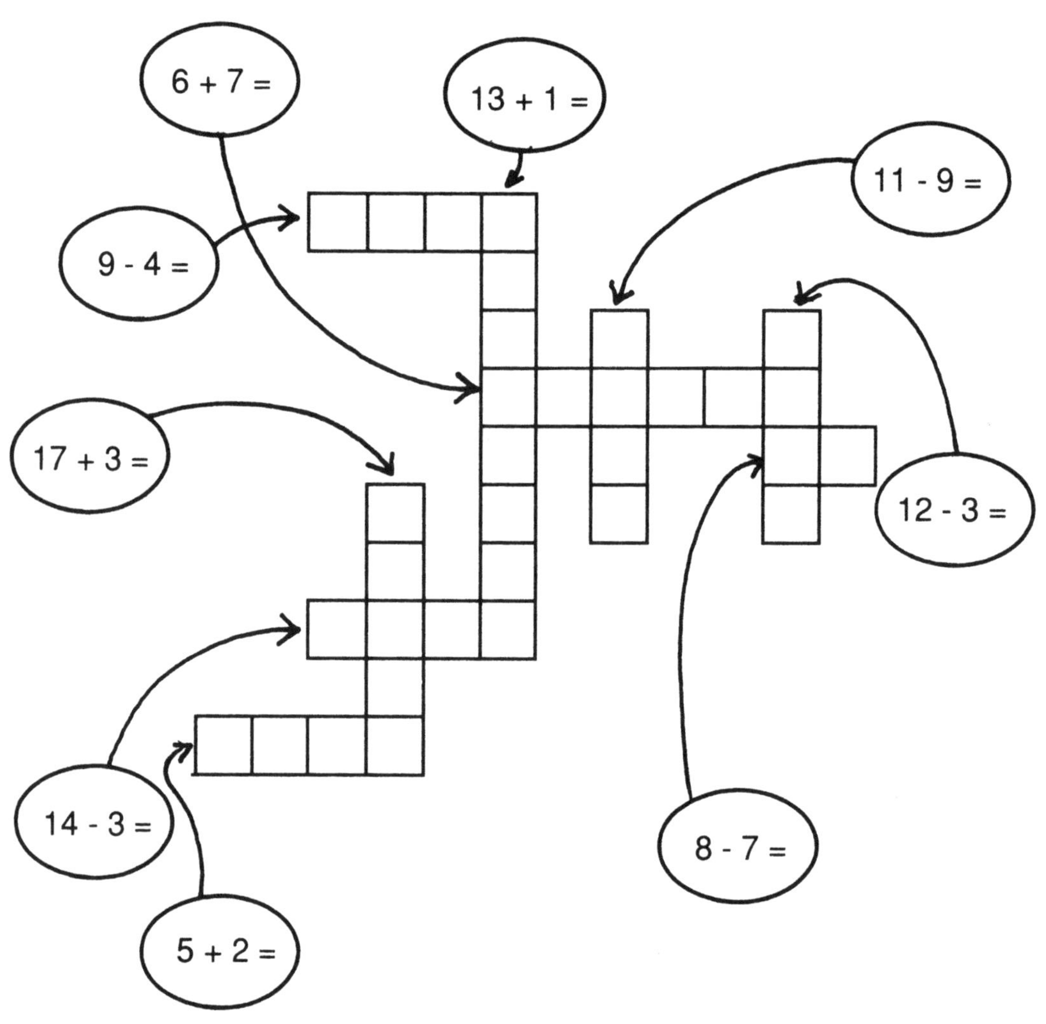

MOTS FLECHES

…, ta, sa / Métal précieux				8:8=			6:6=
		Voyelle double		Dévêtus / Voyage sans but			
					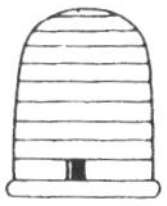		La vache en donne
Pas bon marché						Dés-habillée / Voyelle double	

					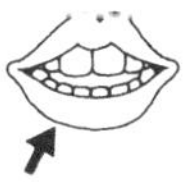	■	
				Voyelles de page	Prairies	Papa	
			■	Mamelles de vache			Consonne double / Contraire de avant

							On y verse de l'encre
■		Cent mètres carrés					Fin de jeunesse

LANTERNES ET LAMPIONS

À chaque fil électrique sont suspendues trois lanternes. Sachant que tu peux utiliser des lanternes de 25, 40, 60 et 100 watts, indique une valeur à chaque lanterne. La somme des trois lanternes de chaque fil doit correspondre au nombre de watts indiqué dans la carte.

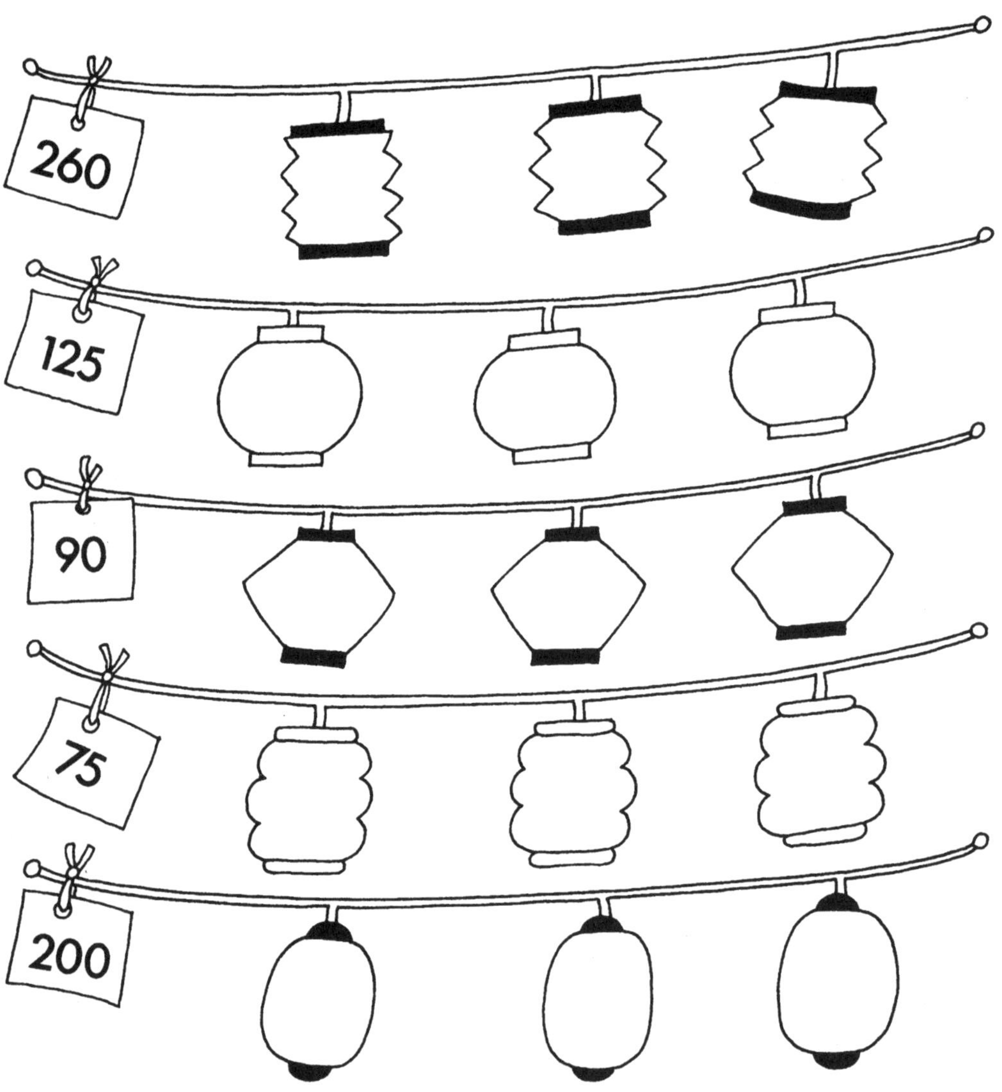

L'ANIMAL MYSTERIEUX

Nous recherchons un animal. Tu le découvriras en trouvant les onze lettres et en les inscrivant dans la petite grille ci-dessous.

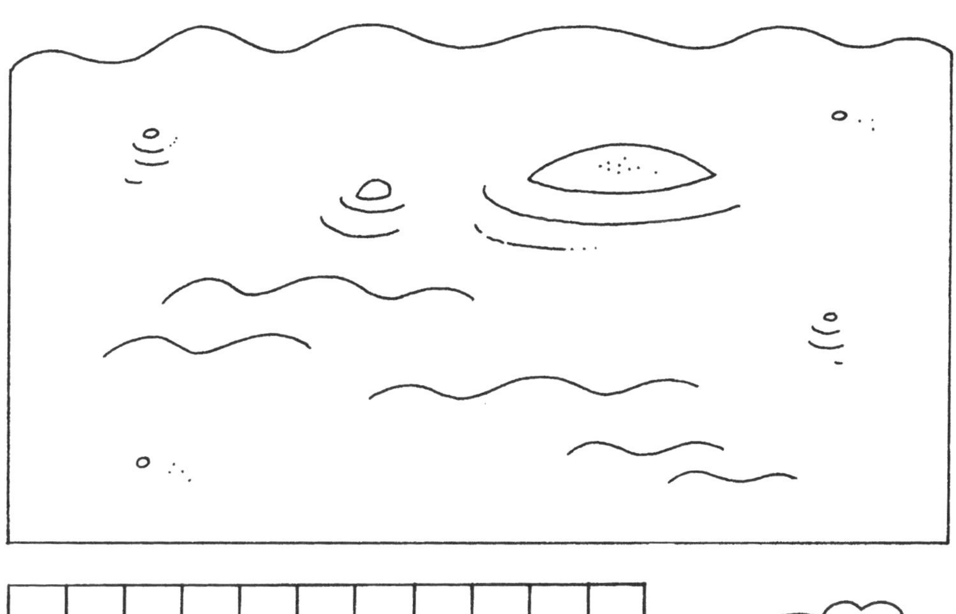

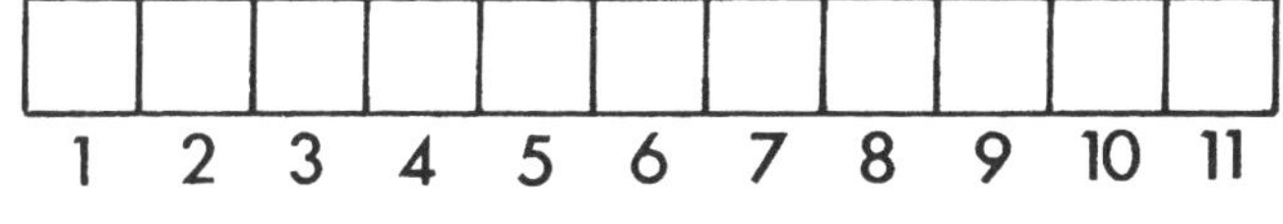

Lettre 1 = présente dans HUIT mais pas dans TROIS
Lettre 2 = présente dans SIX mais pas dans SEPT
Lettres 3 et 4 = identiques; présentes dans SEPT mais pas dans SEIZE
Lettre 5 = présente dans TROIS mais pas dans TREIZE
Lettre 6 = identique aux lettres 3 et 4
Lettre 7 = identique à la lettre 5
Lettre 8 = présente dans TRENTE mais pas dans ONZE
Lettre 9 = présente dans QUARANTE mais pas dans TRENTE
Lettre 10 = présente dans MILLE mais pas dans SEIZE
Lettre 11 = présente dans TREIZE mais pas dans TROIS

Rébus

ez = o

....

e = a d = s cl = t

....

v = p n = ch

....

v = c h = c

....

Solution: Domino, corde à sauter, chat perché, cache-cache

Mots masqués

→ ↓

U	P	A	N	D	A	D	E	D	E	I	V	E	J
R	I	O	V	G	I	R	A	F	E	A	C	R	L
N	S	O	S	I	E	O	D	E	M	I	R	R	E
X	N	O	C	H	A	M	E	A	U	P	O	H	P
U	E	V	R	H	C	A	S	E	S	A	C	I	E
L	E	O	P	A	R	D	T	E	A	N	O	N	I
R	E	L	E	P	H	A	N	T	D	T	D	O	L
E	F	L	R	A	L	I	T	U	M	H	I	C	A
A	E	V	E	G	O	R	I	L	L	E	L	E	L
N	N	P	O	L	I	E	G	R	E	R	E	R	O
E	N	T	S	R	E	P	R	N	B	E	M	O	U
S	E	R	P	E	N	T	E	O	S	C	E	S	R
D	C	H	I	M	P	A	N	Z	E	U	M	E	S
E	F	A	N	Z	E	B	R	E	A	E	L	Y	T

Cherche les 16 animaux du zoo

CHAMEAU
CHIMPANZE
CROCODILE
DROMADAIRE
ELEPHANT
FENNEC
GIRAFE
GORILLE

LEOPARD
OURS
PANDA
PANTHERE
RHINOCEROS
SERPENT
TIGRE
ZEBRE

LES JOURS DE LA SEMAINE

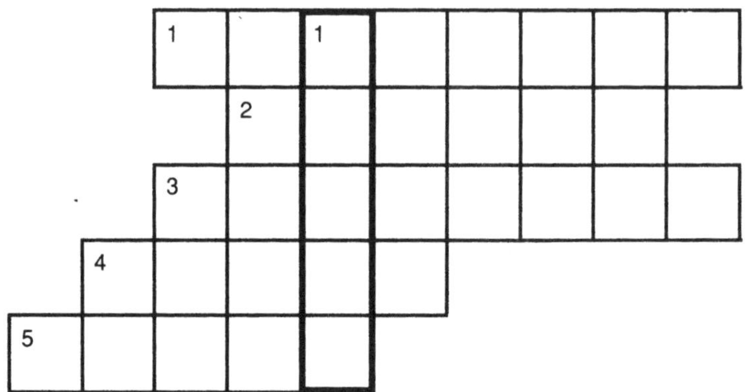

HORIZONTALEMENT
1- Dernier jour de la semaine.
2- Jour de la semaine.
3- Jour de la semaine.
4- Jour de la semaine.
5- Jour de la semaine.

VERTICALEMENT
1- 2e jour de la semaine.

Mots fléchés

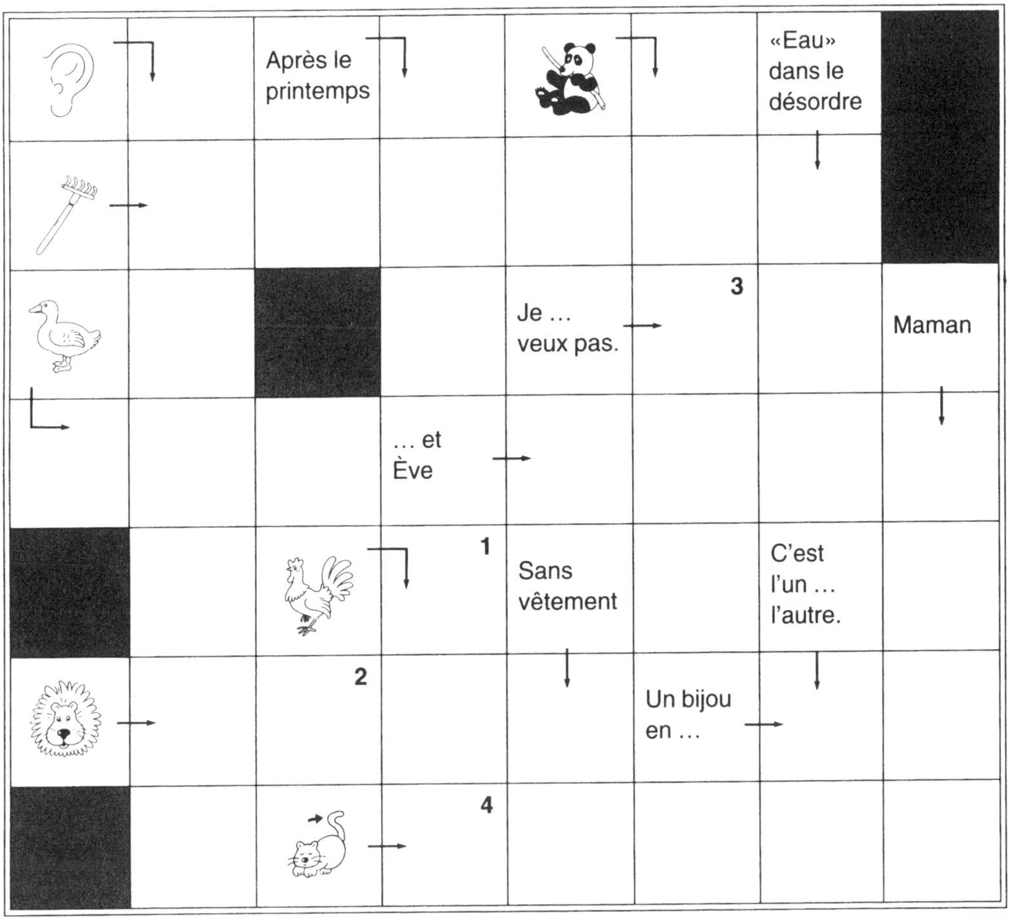

		Après le printemps				«Eau» dans le désordre	
				Je … veux pas.	3		Maman
			… et Ève				
			1	Sans vêtement		C'est l'un … l'autre.	
		2			Un bijou en …		
			4				

Recherche les cases portant un chiffre. Inscris, dans le train, les lettres correspondantes pour former un mot.

Combien de voyageurs sont assis dans le train?

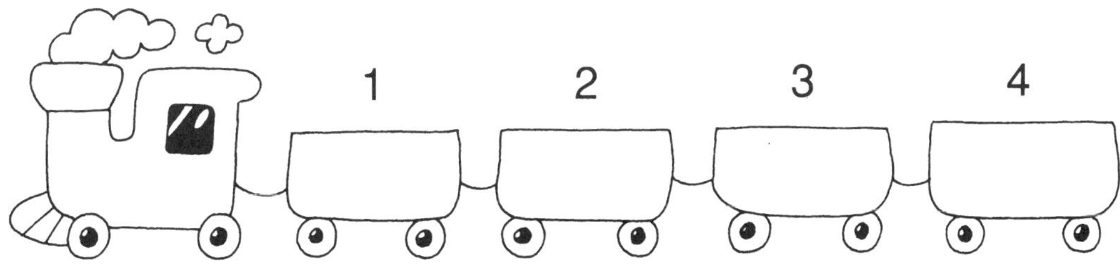

A L'AEROPORT

d	y	h	ô	t	e	s	s	e	i	j	a	o
é	a	y	b	i	l	l	e	t	n	n	t	v
c	v	g	f	d	s	q	p	i	l	o	t	e
o	i	u	y	v	a	l	i	s	e	g	e	t
l	o	e	d	c	v	f	s	g	b	h	r	i
l	n	a	q	w	x	c	t	y	f	w	r	k
e	m	b	a	r	q	u	e	r	u	h	i	n
r	b	h	u	v	o	y	a	g	e	u	r	n

? Julien voyage et voit beaucoup de choses à l'aéroport. Peux-tu les retrouver dans la grille ci-dessus?

atterrir avion billet décoller

embarquer hôtesse pilote

piste valise voyageur

FIGURES GEOMETRIQUES

Chaque figure géométrique représente un chiffre différent. Inscris ce chiffre dans le cadre (bas de page) à côté de la figure correspondante.

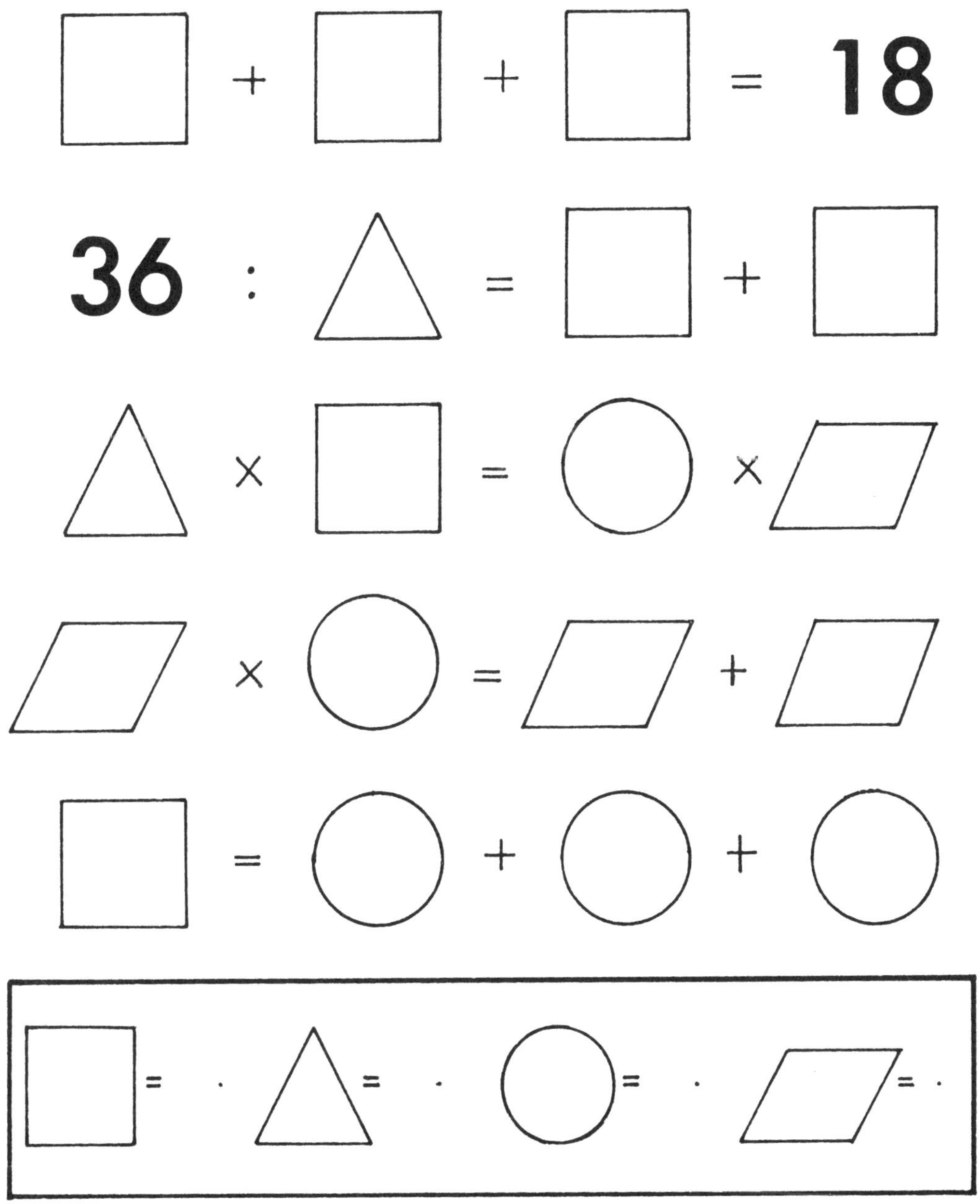

□ + □ + □ = 18

36 : △ = □ + □

△ × □ = ○ × ▱

▱ × ○ = ▱ + ▱

□ = ○ + ○ + ○

□ = . △ = . ○ = . ▱ = .

MOTS FLECHES

Je bois de l'eau à la ... du village			Consonne double				
					Opposé de garçon Métal précieux		
				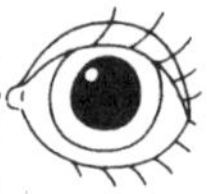			
			Clair, précis	Pas bien	Contraire de non Le jour et la ...		Il a poussé un ... de joie Sans vêtements
	Attachée	■	Conson-nes de mine			Mois de vacances	

		Pronom personnel	L'avion vole ... haut dans le ciel				
				Il ... (naître)			Me, ..., se
					■		
Dans le stylo Divinité					Fin de premier		
■		Contraire de là-bas			Participe passé de avoir Me, te, ...		

LE DESSIN CODE

Effectue les calculs et colorie ensuite les cases en respectant les instructions suivantes :

résultat = 6 : bleu
résultat = 12 : rouge
résultat = 14 : jaune
résultat = 9 : vert

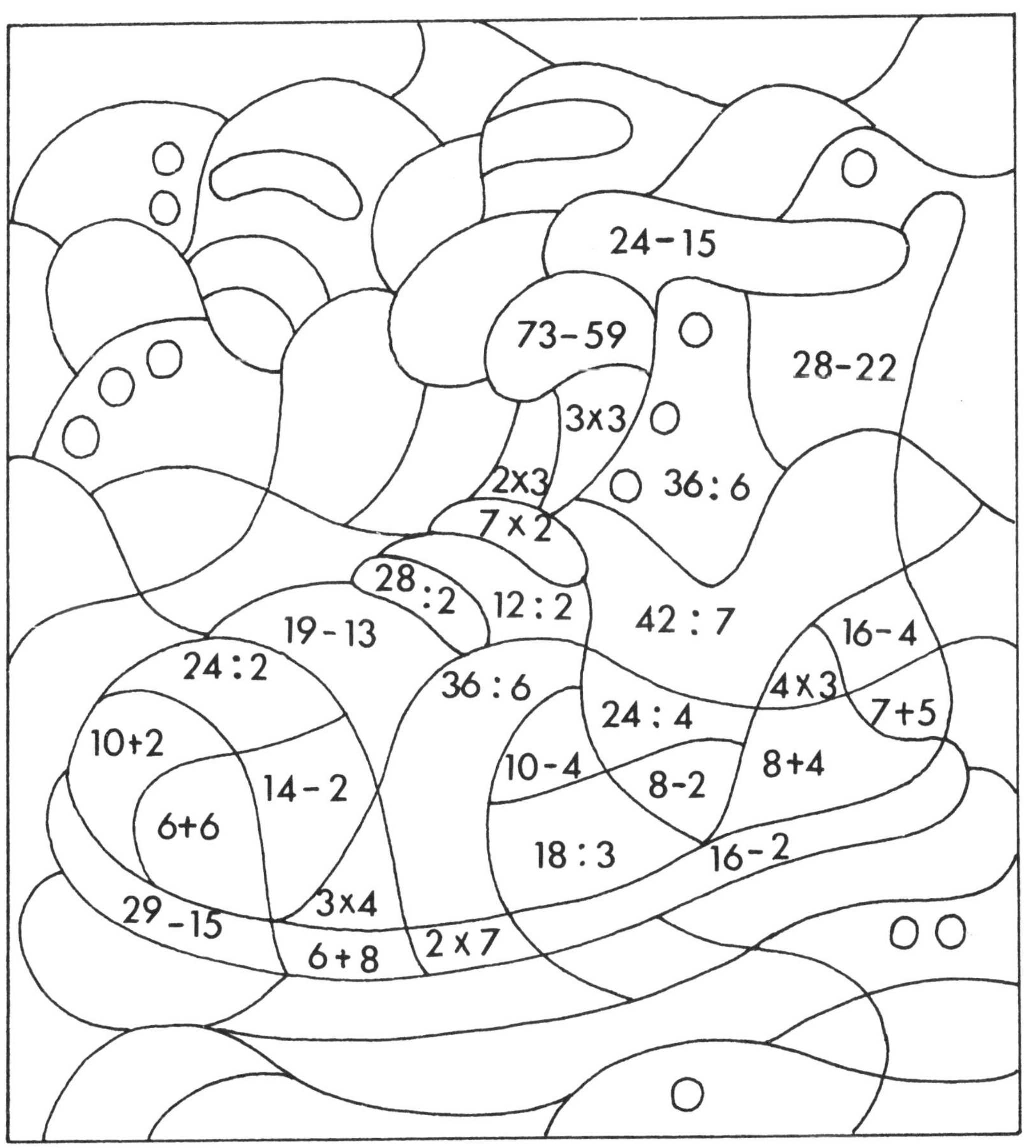

Mots croisés

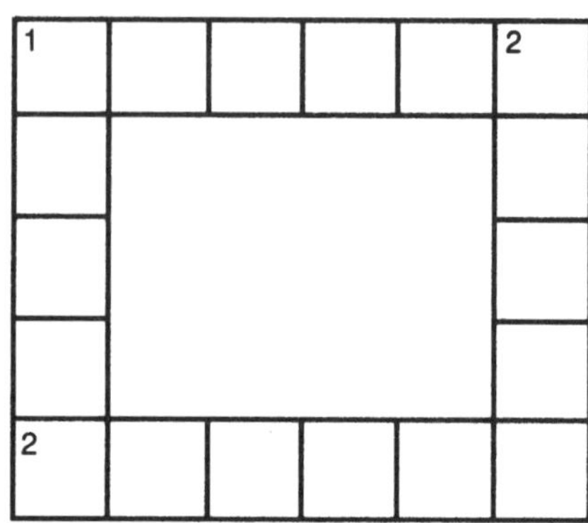

HORIZONTALEMENT
1- Un boulet de .....
2- La valse en est une.

VERTICALEMENT
1- En été, il fait très .....
2- Un ..... de pluie

HORIZONTALEMENT
1- A la mer, j'écoute le bruit des ......
2- J' ..... que tu viendras.

VERTICALEMENT
1- Je bois un ..... de lait.
2- J'arrive tout de .....

OU HABITENT-ILS ?

Effectue les calculs inscrits sous chaque personnage et trace le chemin menant à la maison portant le numéro correct.

 Mots fléchés 

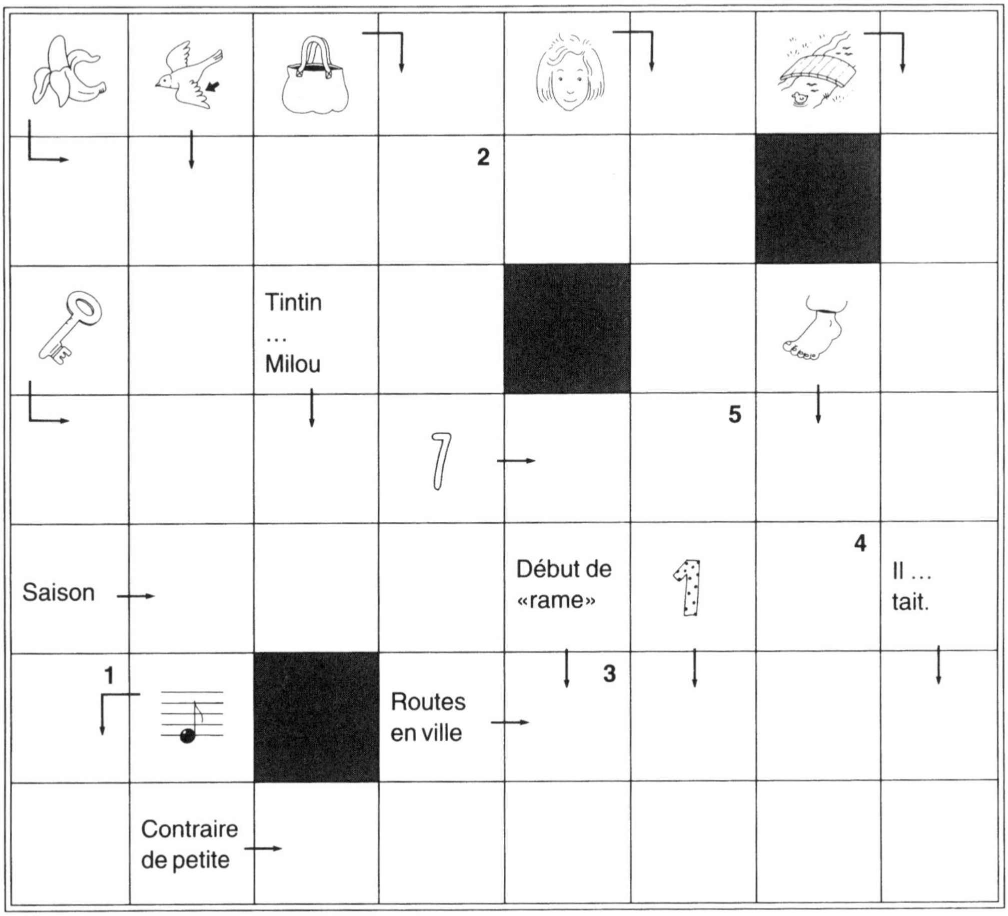

			2			■	
		Tintin … Milou		■			
					5		
Saison				Début de «rame»		4	Il … tait.
1		■	Routes en ville	3			
	Contraire de petite						

Recherche les cases portant un chiffre. Inscris, dans le train, les lettres correspondantes pour former un mot.

Qui se trouve dans le train?

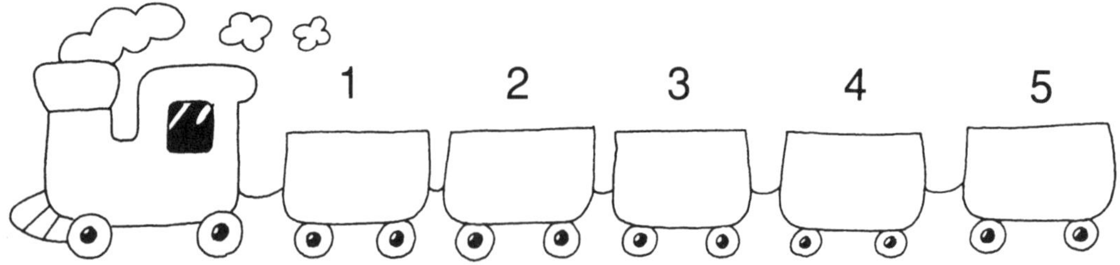

LE JEU DE MASSACRE

Dans chaque rangée, une ou plusieurs boîtes ont été renversées. Dessine ces boîtes et inscris-y le chiffre correspondant à la suite logique.

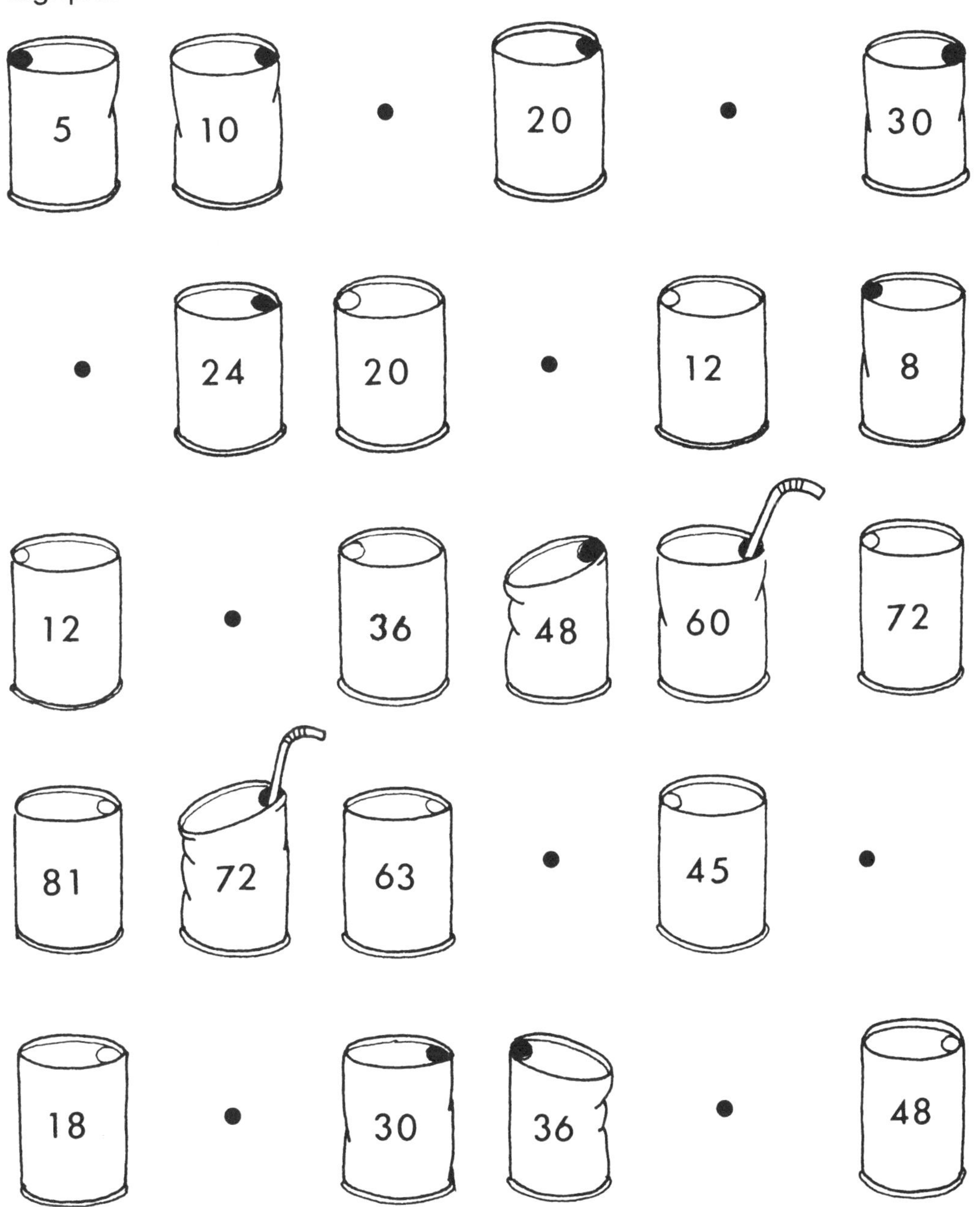

LE JARDIN ZOOLOGIQUE

Au jardin zoologique, cinq nouvelles cages ont été construites. Quatre d'entre elles sont déjà occupées, une seule est encore vide. Inscris dans chaque cage le nom de l'animal qui l'occupe et colorie en rouge la cage vide. Pour la découvrir, suis les instructions suivantes :

la cage du singe est entourée des quatre autres cages;
la cage du tigre est aussi grande que celle du singe;
la cage de l'ours est voisine de celle du tigre;
la cage de l'ours n'est pas voisine de celle du lion.

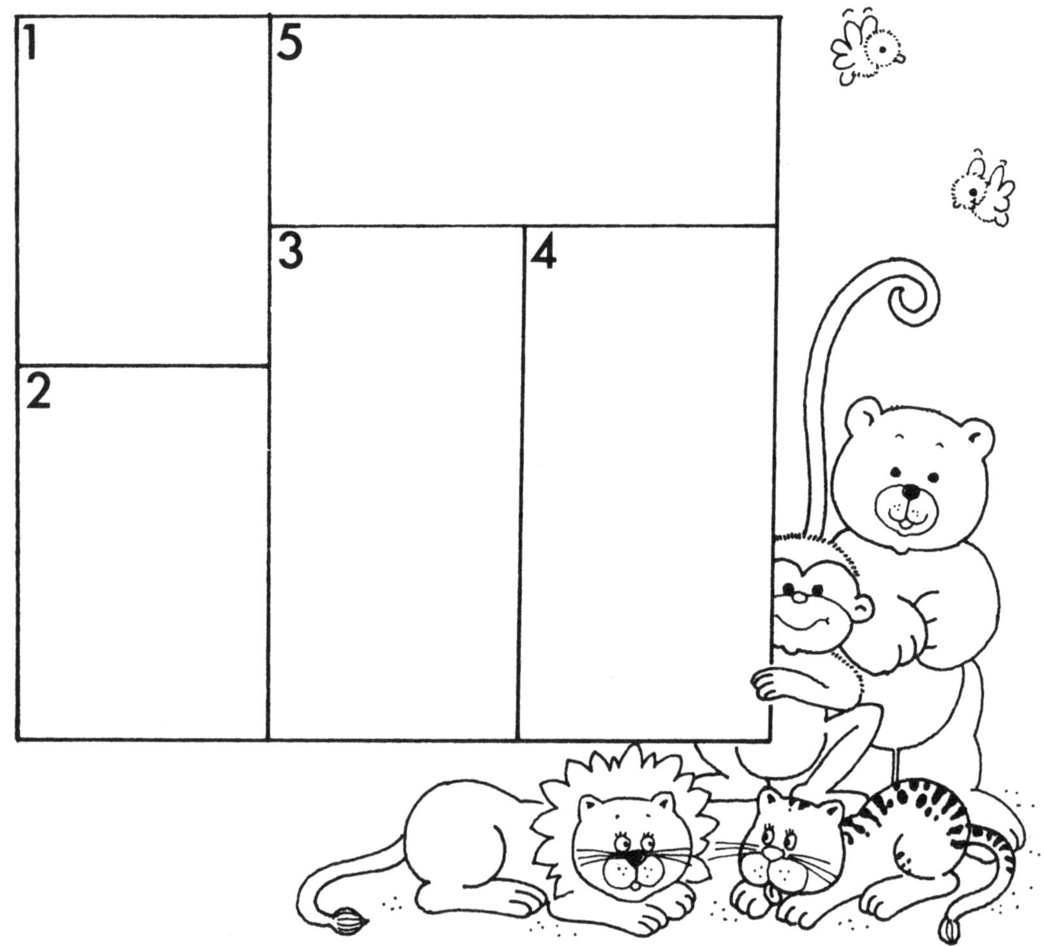

LA FAMILLE

s	d	e	f	i	l	s	h	f	r	è	r	e
m	b	c	o	u	s	i	n	e	y	h	n	g
a	u	n	f	d	f	r	s	e	p	a	p	a
m	l	e	n	g	t	o	r	d	c	v	s	x
a	u	v	b	n	v	n	j	t	a	n	t	e
n	t	e	f	d	s	c	h	g	t	f	v	r
p	j	u	d	f	i	l	l	e	j	w	v	r
o	l	n	z	s	o	e	u	r	b	f	y	t

? Tous les membres de la famille sont réunis. Peux-tu les retrouver dans la grille ci-dessus?

cousine fille fils frère

maman neveu oncle

papa soeur tante

LES FORMES GEOMETRIQUES

Dans le rectangle, tu peux voir comment doivent être rangés les différents blocs. Inscris dans le rectangle le chiffre correspondant à chaque forme géométrique représentée.

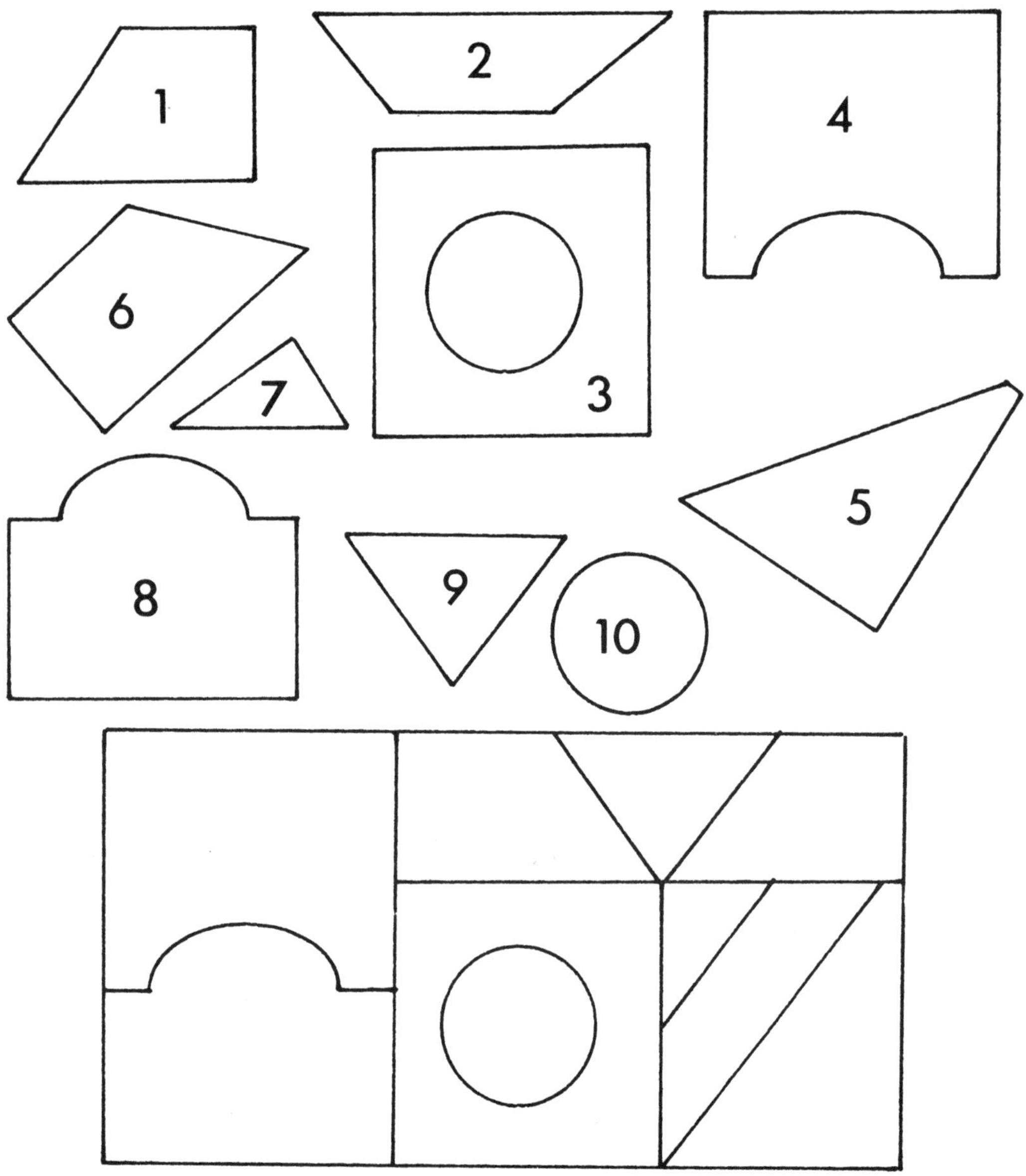

Rébus

Solution: C'est une voiture et un insecte: la coccinelle rouge et noire.

LES ANIMAUX DOMESTIQUES

1. La ... a des plumes jaunes et bleues
2. Mon ... s'appelle Coco
3. Le ... miaule
4. Le ... mange un os
5. Le ... jaune chante dans sa cage
6. Le ... est appelé aussi cochon d'Inde

LES SPORTS D'HIVER

Découvre les cinq erreurs commises par le dessinateur.

GRILLE CLASSIQUE

HORIZONTALEMENT

1. Grands singes ou gardes du corps
2. Plante à bulbe et à haute tige – Début du mot *rond*
3. En voiture, il sert à orienter les roues et à diriger le véhicule
4. Le citron a un goût ...
5. C'est dedans qu'on prend les poissons à la pêche – Abréviation de *saint*
6. Masculin de *elle* – Saison des grandes vacances
7. Forme du verbe oser (3e pers. sing. indicatif futur)
8. Assassine – Participe passé du verbe avoir (féminin)

VERTICALEMENT

1. Elle a un long cou
2. Métal jaune précieux – Conjonction indiquant un choix
3. Troisième personne de l'indicatif présent du verbe rivaliser
4. Un triangle ... est un triangle qui a deux côtés égaux
5. On dort dessus – Deuxième note de la gamme
6. Partie du mot *radeau* – Elle coule du robinet
7. C'est un prénom
8. Idiot – Tel père, ... fils

 Mots fléchés 

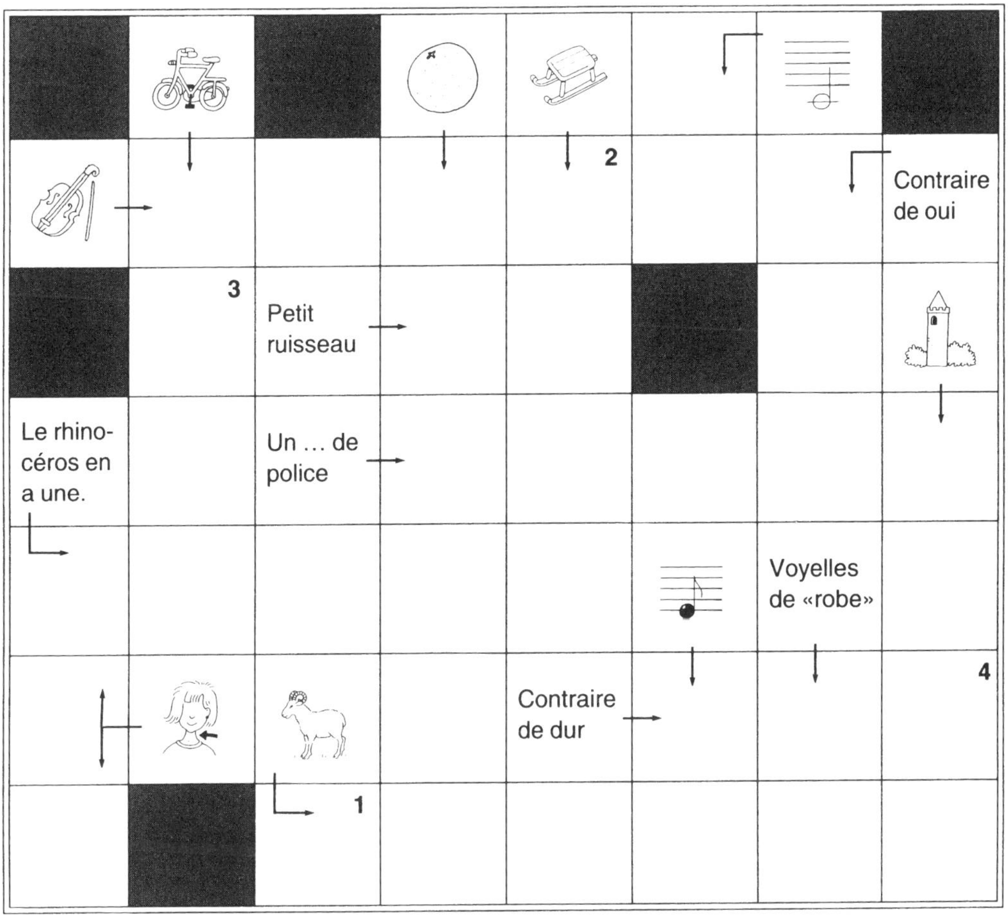

				2			Contraire de oui
	3	Petit ruisseau →					
Le rhino-céros en a une.		Un … de police →					
						Voyelles de «robe»	
				Contraire de dur →			4
		1					

Recherche les cases portant un chiffre. Inscris, dans le train, les lettres correspondantes pour former un mot.

Quelle est la couleur du train?

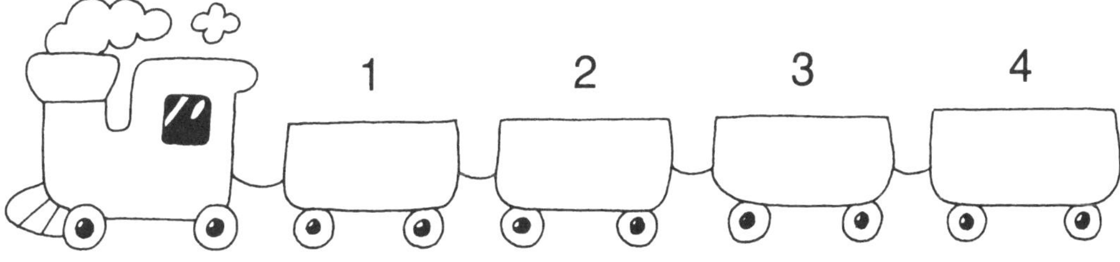

A TROUVER : SORTE DE MAISON

Suis le labyrinthe. Chaque mot doit commencer par la dernière lettre du mot précédent.

1. Plus grand qu'un ruisseau.
2. Tu remplis ton stylo avec celle-ci pour écrire.
3. La piscine en est remplie.
4. Je suis … enfant.
5. Ce n'est pas le jour : c'est la …
6. Hauteur du corps humain.
7. Pas mince.
8. Ce n'est ni mon livre ni le tien; c'est … livre.
9. Petits hommes.
10. Les carottes n'ont pas de goût : elles manquent de …

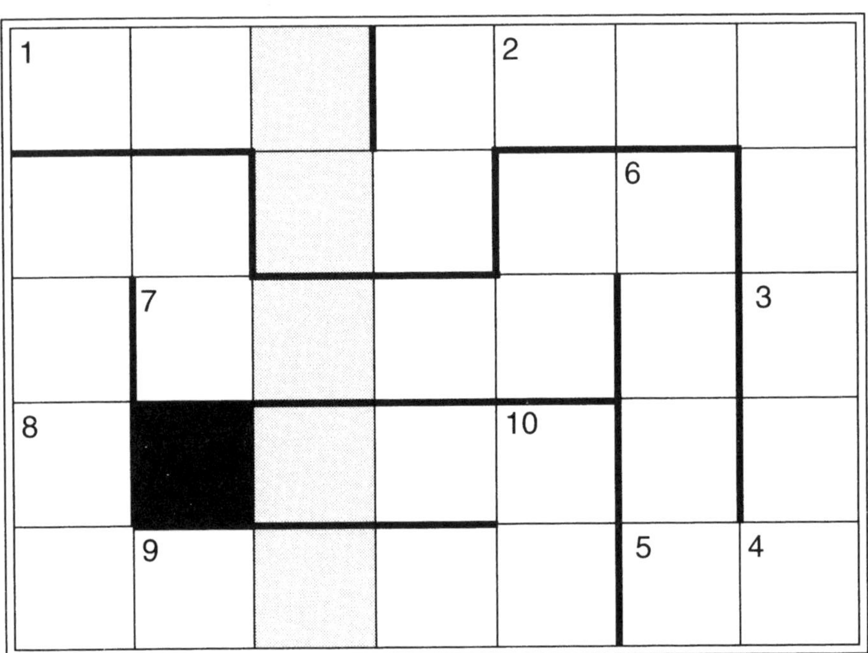

Quel mot lis-tu dans les cases grises?

……………………………………………………

LES ANIMAUX

→ ↓

M	A	R	S	T	Z	B	U	C	Z	C	N	G	S
L	O	U	P	T	E	O	R	E	N	A	R	D	O
T	U	G	S	I	B	U	E	R	T	S	A	K	I
U	R	A	T	F	R	X	D	F	I	T	A	U	X
P	S	E	R	P	E	N	T	E	R	O	C	R	E
A	G	A	P	I	M	O	A	L	G	R	O	P	O
G	R	U	E	S	N	T	U	M	U	S	E	U	S
I	D	E	P	H	I	J	P	I	L	T	O	T	A
R	E	D	G	T	U	H	E	R	I	S	S	O	N
A	C	O	R	D	S	Z	E	R	E	F	I	I	E
F	E	R	M	E	S	T	R	U	V	O	K	S	S
E	B	S	A	N	G	L	I	E	R	T	S	A	U
R	A	F	G	C	H	E	V	R	E	U	I	L	X
P	O	I	U	T	G	R	E	B	E	U	F	A	S

Cherche les 16 animaux

ANE
CASTOR
CERF
CHEVREUIL
GIRAFE
HERISSON
LIEVRE
LOUP

OURS
PUTOIS
RAT
RENARD
SANGLIER
SERPENT
TAUPE
ZEBRE

MOTS FLECHES

					Contraire de avant		
			Me, te, … Le … à l'arc		Participe passé de saisir	Mot servant à relier deux mots	
	Pomme d'…					Conson-nes de ruse	
	Sentir très mauvais		Fin de apéro			Voyelle double	
							Il mange de bon …
				Transpirer		Pousser des cris	
On dort dessus Elève							
			La peinture en est un				
		Manque de respect Note de musique		Participe passé de lire	Me, …, se		
						Le soleil se lève à l'…	

QUATRE PAPAS

Comment se nomment les pères respectifs de Sophie, Aline, Annette et Dorine? Quelle est leur profession?
Inscris dans chaque case un signe + (pour oui) ou – (pour non).

	Benoît	Nicolas	Stéphane	Alain	infirmier	facteur	chauffeur	médecin
Sophie				+	–			
Aline								
Annette								
Dorine								

On sait que:

- Alain, le père de Sophie, n'est pas infirmier (on a déjà inscrit, pour Sophie, un signe + dans la case correspondant à Alain et un signe – dans celle correspondant à infirmier).
- Benoît n'est ni le père d'Aline, ni celui d'Annette.
- Le docteur Stéphane est le père d'Annette.
- Le chauffeur se nomme Benoît.
- Le père de Sophie distribue le courrier.
- L'infirmier est le père d'Aline.
- Nicolas n'est pas le père de Dorine.

LE CARRE MAGIQUE

Inscris les chiffres manquants, sachant que la somme des chiffres de haut en bas et de gauche à droite est toujours 65.

1		24		17
	7	16	5	
20	4			6
	21	10	19	3
		2	11	25

17		15		8
14	23	7		5
6		4	13	
3	12		10	
	9		2	11

Ici, la somme de chaque rangée (horizontalement) et de chaque colonne (verticalement) est toujours 111.

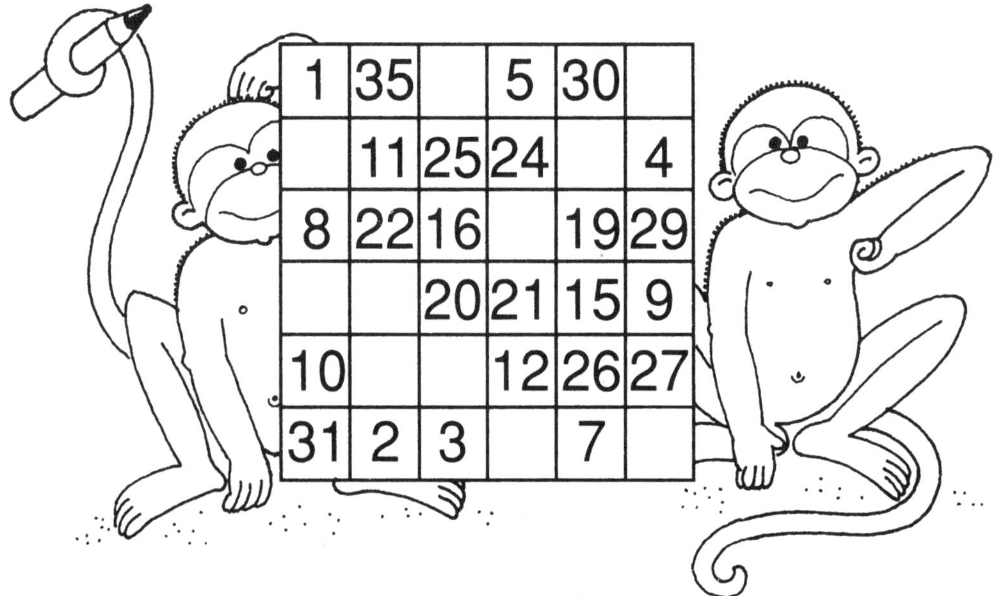

1	35		5	30	
	11	25	24		4
8	22	16		19	29
		20	21	15	9
10			12	26	27
31	2	3		7	

LES ANIMAUX

c	a	n	a	r	i	j	m	o	u	t	o	n
e	d	c	a	s	x	q	o	l	i	r	n	l
c	h	i	e	n	b	v	u	n	v	a	c	q
a	d	f	g	h	j	k	c	g	r	t	a	l
n	y	g	v	c	x	s	h	q	a	u	r	a
a	f	o	u	r	m	i	e	d	s	e	q	p
r	e	r	t	y	u	i	o	c	h	a	t	i
d	v	s	o	u	r	i	s	b	g	t	r	n

? Dix noms d'animaux divers se cachent dans cette grille. Peux-tu les retrouver?

canard canari chat chien

fourmi lapin mouche

mouton rat souris

CALCULS CROISES

Complète avec les opérations et les chiffres manquants.

20	-		=	5
		-		
	+	2	=	15
=		=		=
7	+		=	

12	+	4	=	
		-		-
	+		=	12
=		=		=
3	+		=	

8	+	10	=	
+		-		+
	-		=	2
=		=		=
		5	=	

	+	2	=	17
-		+		-
			=	
=		=		=
5		6	=	11

Rébus

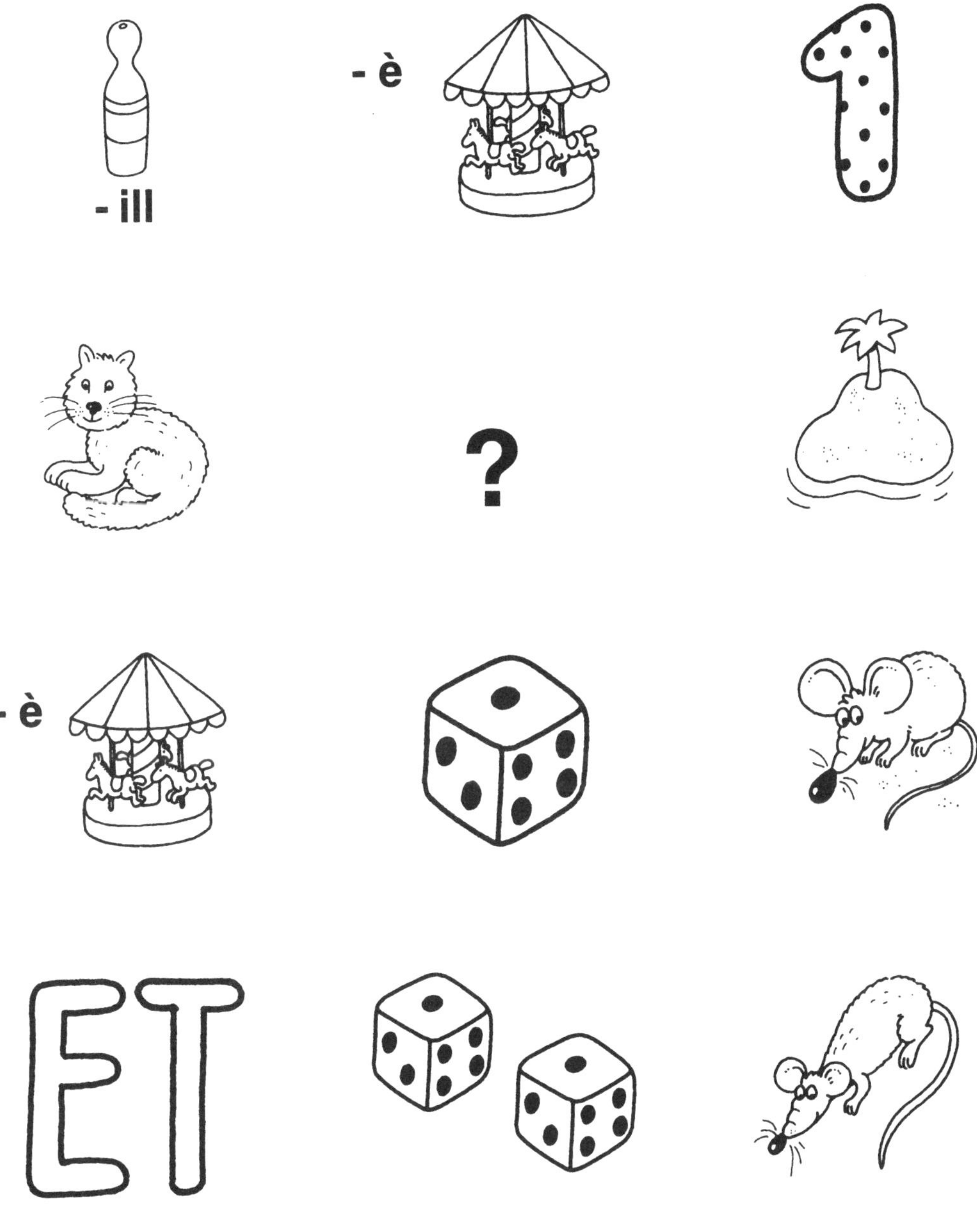

....

Solution: Que mange un chat? Il mange des souris et des rats.

PETITE GRILLE

1. Petites bêtes grises
2. Fils du roi
3. Elle se déplace sur un balai
4. Chasseur de souris

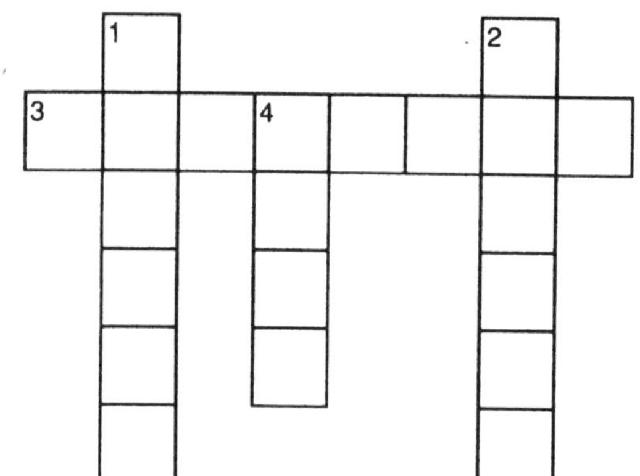

 **Mots fléchés** 

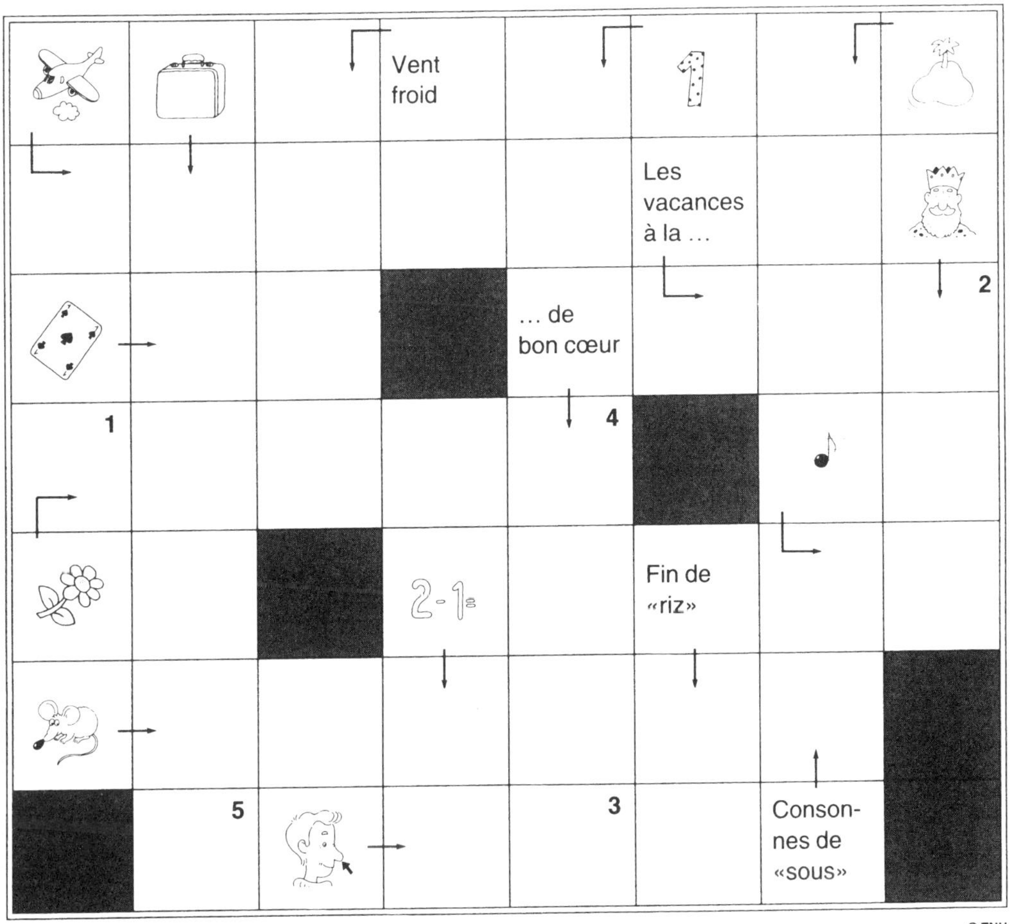

			Vent froid				
					Les vacances à la …		
				… de bon cœur			2
1				4			
					Fin de «riz»		
	5			3		Conson-nes de «sous»	

Recherche les cases portant un chiffre. Inscris, dans le train, les lettres correspondantes pour former un mot.

Qui se trouve dans le train?

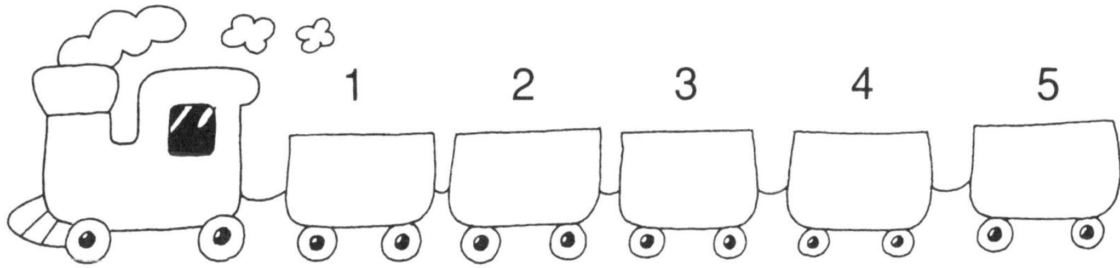

LE VELO

r	a	y	o	n	h	e	o	t	e	b	h	u
g	y	h	b	v	f	r	e	d	c	s	c	l
u	h	b	p	h	a	r	e	c	v	e	h	k
i	p	l	k	j	h	g	f	d	s	l	a	b
d	i	f	r	e	i	n	l	k	j	l	î	x
o	h	g	o	s	z	p	n	e	u	e	n	v
n	r	y	u	c	d	e	p	o	m	p	e	b
t	v	x	e	p	é	d	a	l	e	j	k	l

? Alain répare son vélo. Connais-tu les différentes parties du vélo? Peux-tu les retrouver dans la grille?

chaîne frein guidon

pédale phare pneu

pompe rayon roue selle

Jeu de réflexion

Complète les séries suivantes.

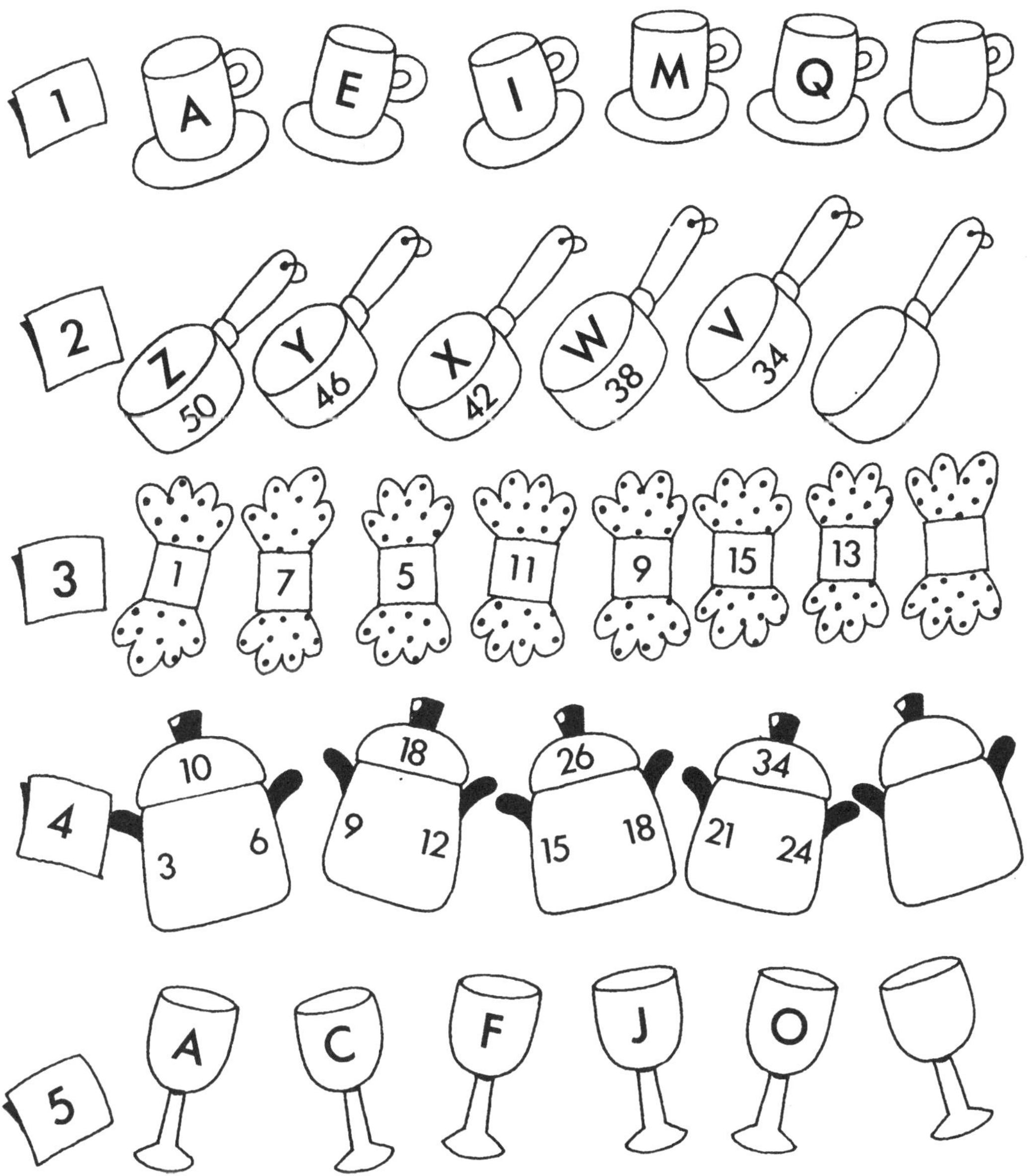

EN VOYAGE

Quel pays a été visité par chaque enfant?
Avec quel moyen de transport?
Inscris dans chaque case un signe + (pour oui) ou – (pour non).

	Espagne	Allemagne	France	Pologne	Norvège	à pied	en voiture	en vélo	en car	en train
Antoine				+						–
Carole										
Céline										
Daniel										
Ève										

- Antoine a visité la Pologne, mais pas en train (on a déjà inscrit, pour Antoine, un signe + dans la case correspondant à Pologne et un signe – dans celle correspondant à train).
- Carole et Ève n'ont pas voyagé dans un véhicule motorisé.
- Céline a visité l'Espagne.
- La voiture est allée en Pologne.
- Carole a effectué une longue randonnée pédestre en Allemagne.
- Le car a emmené un garçon en Norvège.
- Ève a logé à Paris.
- Le train a roulé vers l'Espagne.

Rébus

Solution: Il faut tourner sept fois sa langue dans sa bouche avant de parler.

Mots croisés

HORIZONTALEMENT
1- Dans un bouquet
2- Une ...... postale

VERTICALEMENT
1- Sincère
2- Les voitures y roulent.

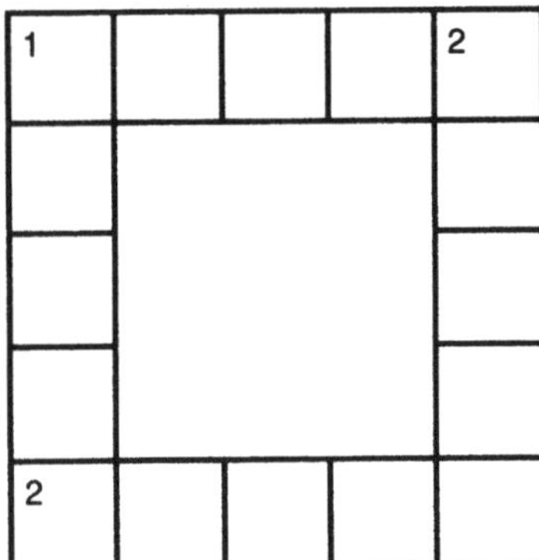

HORIZONTALEMENT
1- Dix plus dix
2- Deux plus un

VERTICALEMENT
1- Cette carte est le ...... de pique.
2- Je marche sur un ...... de laine.

HORIZONTALEMENT
1- Saison froide
2- Il travaille dans une ......

VERTICALEMENT
1- Oiseau aux grands yeux ronds
2- Epouse du roi

LES SOURIS

Des souris qui aiment les chiffres, cela existe ! Regarde ces feuilles de calculs. Quels chiffres les souris ont-elles grignotés ?

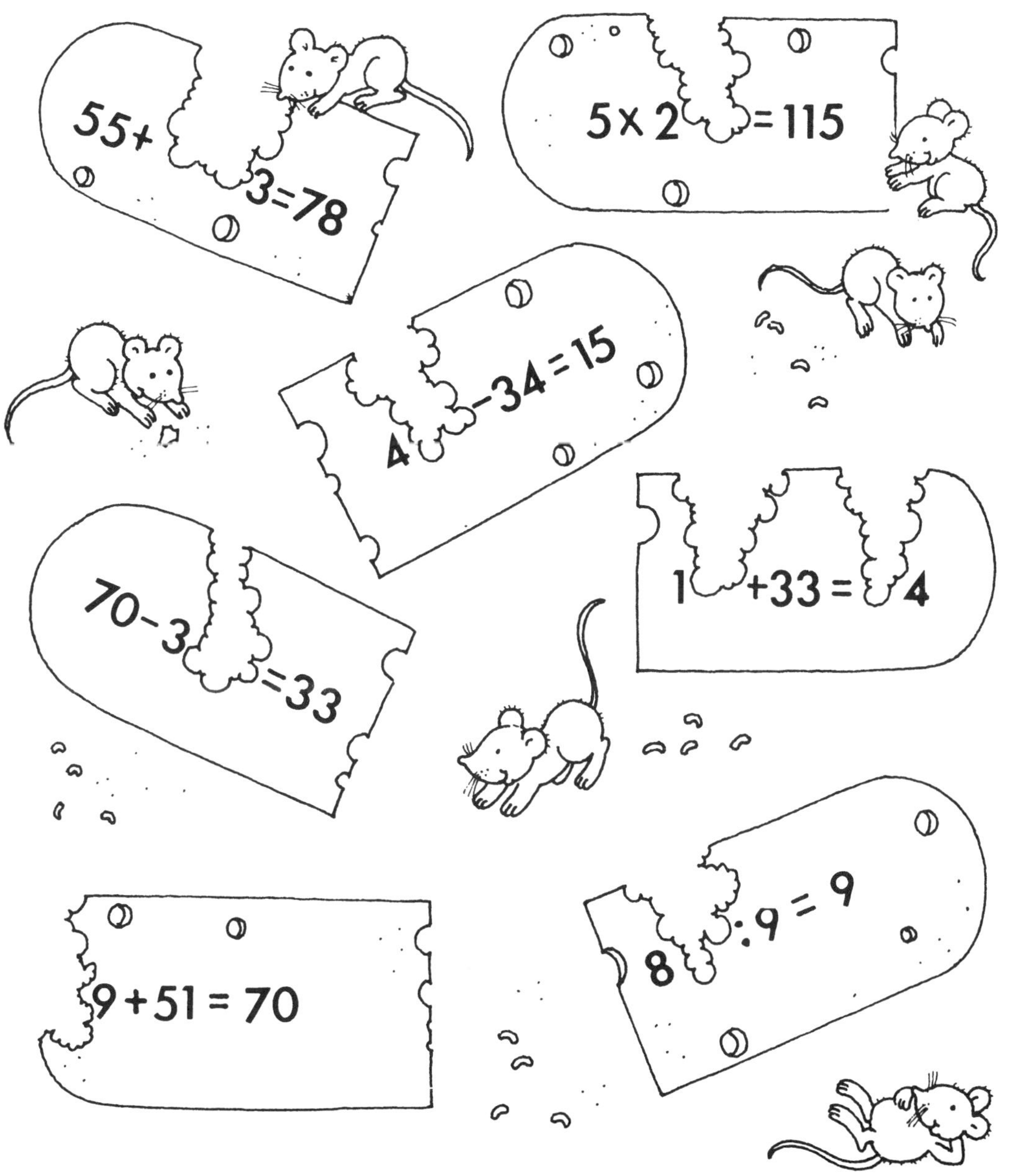

Mots fléchés

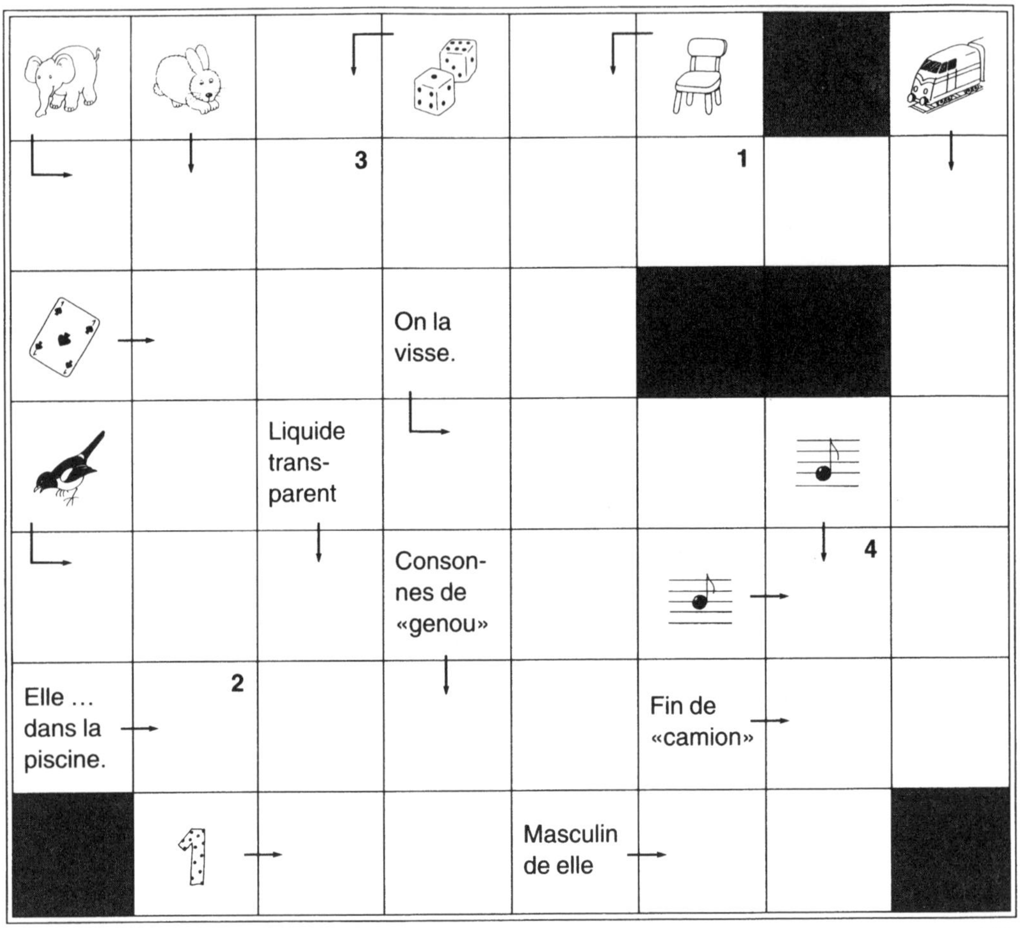

		3			1		
			On la visse.				
		Liquide trans-parent					
			Conson-nes de «genou»			4	
Elle … dans la piscine.	2				Fin de «camion»		
	1			Masculin de elle			

Recherche les cases portant un chiffre. Inscris, dans le train, les lettres correspondantes pour former un mot.

Quels animaux se cachent dans le train?

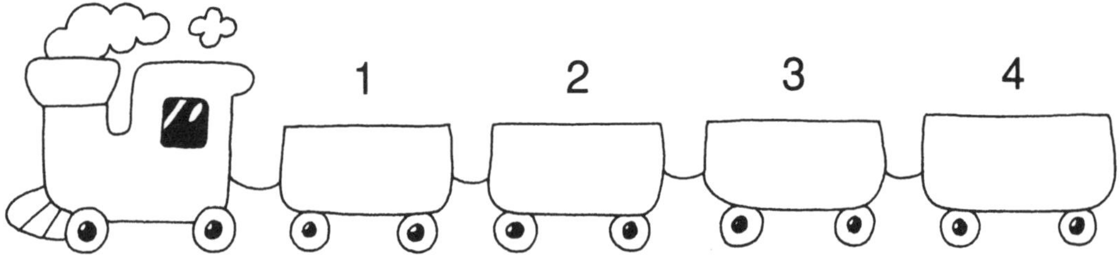

LES GATEAUX

Le pâtissier a réalisé neuf gâteaux. Mais ... il leur manque des morceaux! Quelqu'un a découpé un morceau dans chaque gâteau. Inscris sous chacun d'eux la quantité qui a disparu.

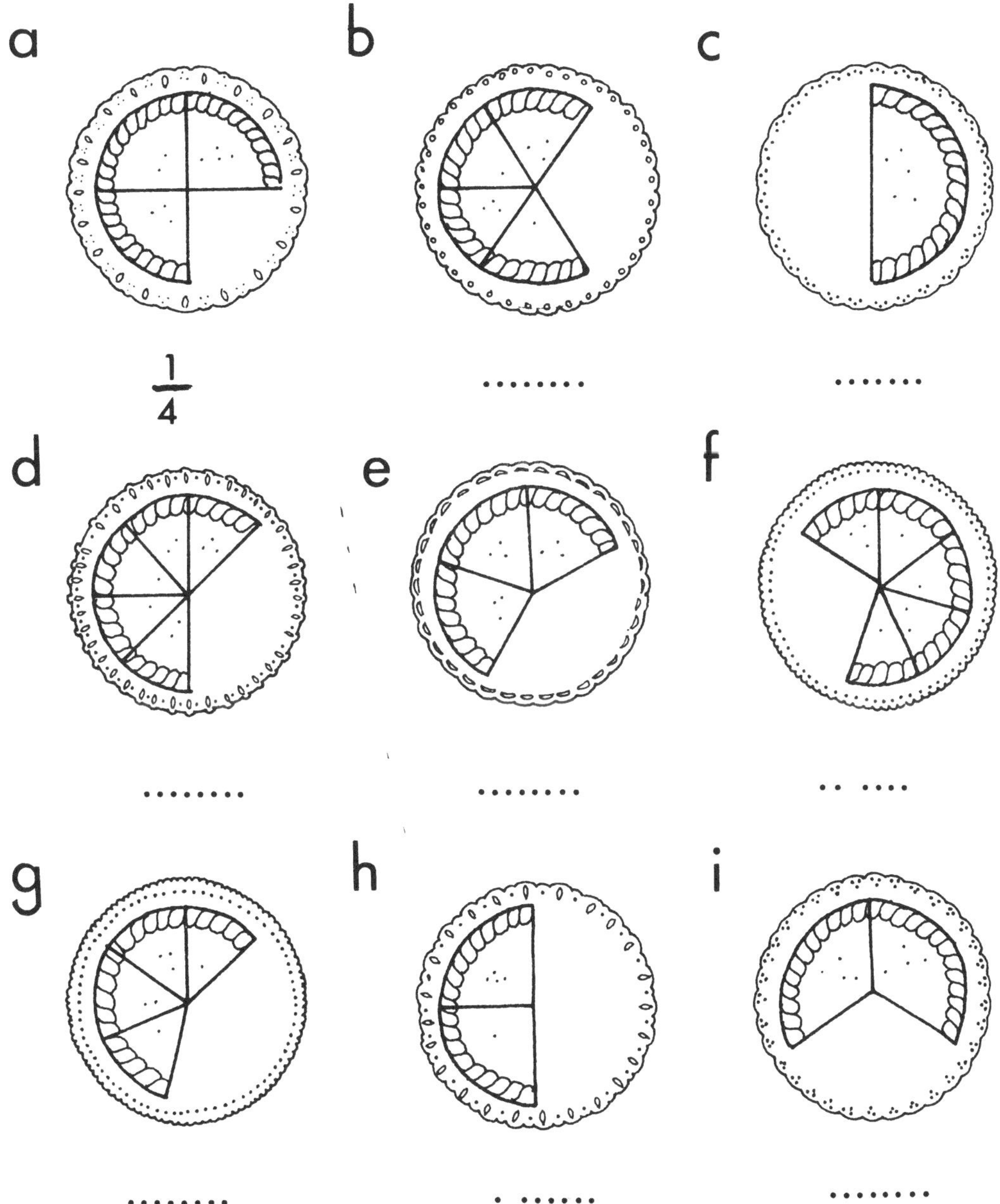

Mots croisés

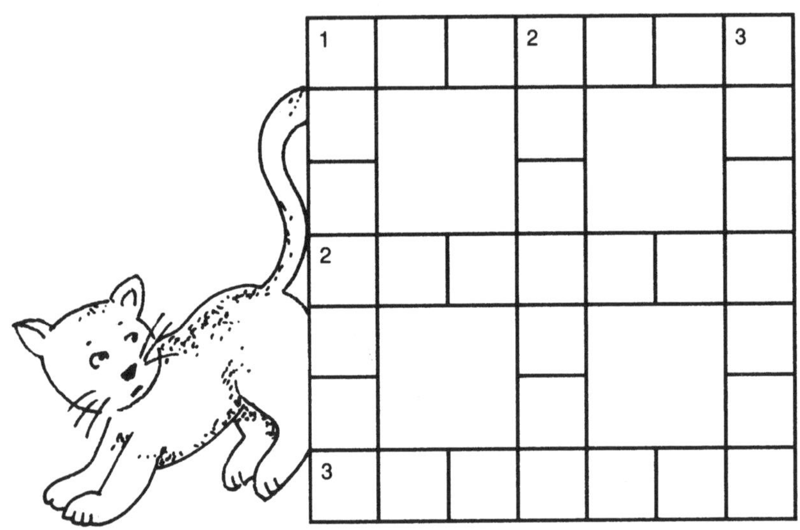

HORIZONTALEMENT

1- Chaque matin, elle lit le ......

2- Je mets de l' ...... dans le réservoir.

3- Maisons des chevaux

VERTICALEMENT

1- ...... fête de Pâques!

2- Il est parti, mais il va bientôt ......

3- Des ...... de vitres

LES FLEURS

Chaque fleur représente un chiffre différent. Dans la colonne de droite se trouve la somme de chaque rangée. En bas se trouve la somme de chaque colonne. À quel chiffre correspond chaque type de fleur?

Un conseil: Commence par la dernière rangée.

MOTS FLECHES

	Moitié de cent	Auto en désordre			Pronom personnel / Masculin de elle		
Morceau d'Italie				Verse des larmes	Moitié de elle		
Elle recouvre la table							
							Début de accident
		Venu au monde / Participe passé de boire			Cela / C'est l'un … l'autre		
Ils … (avoir)			Chou, à l'envers				
			Route / Filet, au tennis				L'eau de … est salée
Télévision					Consonnes de lime / Double voyelle		
Animal ou idiot							

A TROUVER : BATEAU A VOILES

Suis le labyrinthe. Chaque mot doit commencer par la dernière lettre du mot précédent.

1. Après le mois de mars vient le mois d'…
2. Ce livre est passionnant : …-le!
3. Le tapis est posé sur le …
4. Tu t'y couches pour dormir.
5. Après deux vient …
6. On le décore à Noël.
7. Ce jour-là, Jésus est né.
8. La … B suit la … A.

1		6				
			4			
		5		7	8	
	2		3			

Quel mot lis-tu dans les cases grises?

....

A LA GARE

q	u	a	i	g	f	r	h	b	v	o	i	e
b	v	l	o	c	o	m	o	t	i	v	e	n
t	s	d	f	g	v	c	r	n	j	u	y	r
i	g	t	v	g	y	g	a	r	e	d	x	a
c	t	r	s	q	g	u	i	c	h	e	t	i
k	v	a	a	s	q	r	r	p	l	o	k	l
e	u	i	b	n	b	v	e	z	e	d	c	t
t	b	n	e	o	h	q	l	w	a	g	o	n

? En prenant le train, Maud a vu beaucoup de choses. Peux-tu les retrouver dans la grille ci-dessus?

gare guichet horaire

locomotive quai rail

ticket train voie wagon

Mots croisés

					1	O						
		2				O						
					3	O						
					4	O						
5						O						
		6				O						
		7				O						
			8			O						
			9			O						
			10			O						

1- Je porte une lettre à la ....
2- J'écoute la ......
3- Il aime manger.
4- Je respire par la ......
5- Culotte longue
6- L'automne en est une.
7- Souhaiter le ...... à quelqu'un.
8- S'asseoir ou rester ......
9- Le bracelet en est un.
10- Oiseau de nuit

LE DICTIONNAIRE

1. La veille du lundi
2. C'est également une personne
3. On le chante à l'église
4. Dessin sur le bras
5. Créer quelque chose
6. Il mange tout
7. La jonquille en est un
8. Fruit du noisetier
9. Petits arbres
10. Rêver, penser
11. Donner la réponse
12. Habitant d'Europe

1 D	2 I	3 C	4 T	5 I	6 O	7 N	8 N	9 A	10 I	11 R	12 E
A	I	T	O	E	I	C	S	U	G	O	O
H	D	U	G	E	R	S	T	E	E	R	E

LES COFFRES BANCAIRES

Monsieur Dupuis a oublié la combinaison de son coffre-fort.
Peux-tu l'aider en coloriant son coffre en rouge?
Pour cela, tu dois découvrir un nombre qui correspond aux instructions suivantes:

- Il s'agit d'un nombre de six chiffres.
- Ce nombre est divisible par 2.
- Ce nombre est divisible par 3.
- Ce nombre n'est pas divisible par 4.

LES FLEURS

→↓

A	C	B	L	E	U	E	T	L	A	R	O	S	E
N	T	E	D	V	I	O	L	E	T	T	E	A	Q
E	R	C	A	P	U	C	I	N	E	T	T	E	O
M	A	R	G	U	E	R	I	T	E	H	M	O	R
O	C	U	I	T	U	L	I	P	E	M	Y	O	C
N	O	U	R	F	T	B	E	A	D	O	O	U	H
E	Q	E	O	J	U	R	E	Q	U	E	S	A	I
A	U	R	F	J	Y	E	S	U	M	N	O	G	D
V	E	I	L	L	R	E	D	E	N	G	T	P	E
A	L	R	E	J	H	D	E	R	L	I	I	E	E
S	I	F	E	R	S	A	N	E	Y	T	S	N	U
O	C	L	E	R	J	I	T	T	E	R	A	S	E
P	O	I	R	I	S	U	E	T	C	U	O	E	V
E	T	S	V	E	L	O	O	E	I	L	L	E	T

Cherche les 16 fleurs

ANEMONE
BLEUET
CAPUCINE
COQUELICOT
GIROFLEE
IRIS
LIS
MARGUERITE
MYOSOTIS
OEILLET
ORCHIDEE
PAQUERETTE
PENSEE
ROSE
TULIPE
VIOLETTE

Rébus

ille = el

f = p

g = p

- c

- r

a = e

....

Solution: Quel oiseau peut parler? c'est le perroquet.

JAMES BOND

1. On y plante des fleurs
2. Il exécute des acrobaties
3. Peut être au chocolat
4. On y envoie des fusées
5. Petite sandale
6. Dansé par des ballerines
7. Doigt de pied
8. Celui de Cyrano est fameux
9. Jour de repos

1 J				I					
2 A			O						
3 M				S					
4 E			A						
5 S				A					

6 B			L				
7 O				I			
8 N							
9 D			A				

LA GRILLE CHIFFREE

Additionne chaque chiffre du premier rang (horizontalement) avec ceux de la première colonne (verticalement). Inscris chaque résultat dans la case correspondante de la grille.

+	12	4	8	11	21	9	3	15	6
4									
14									
2									
32									
5									
8									
27									
3									
9									

 Mots fléchés 

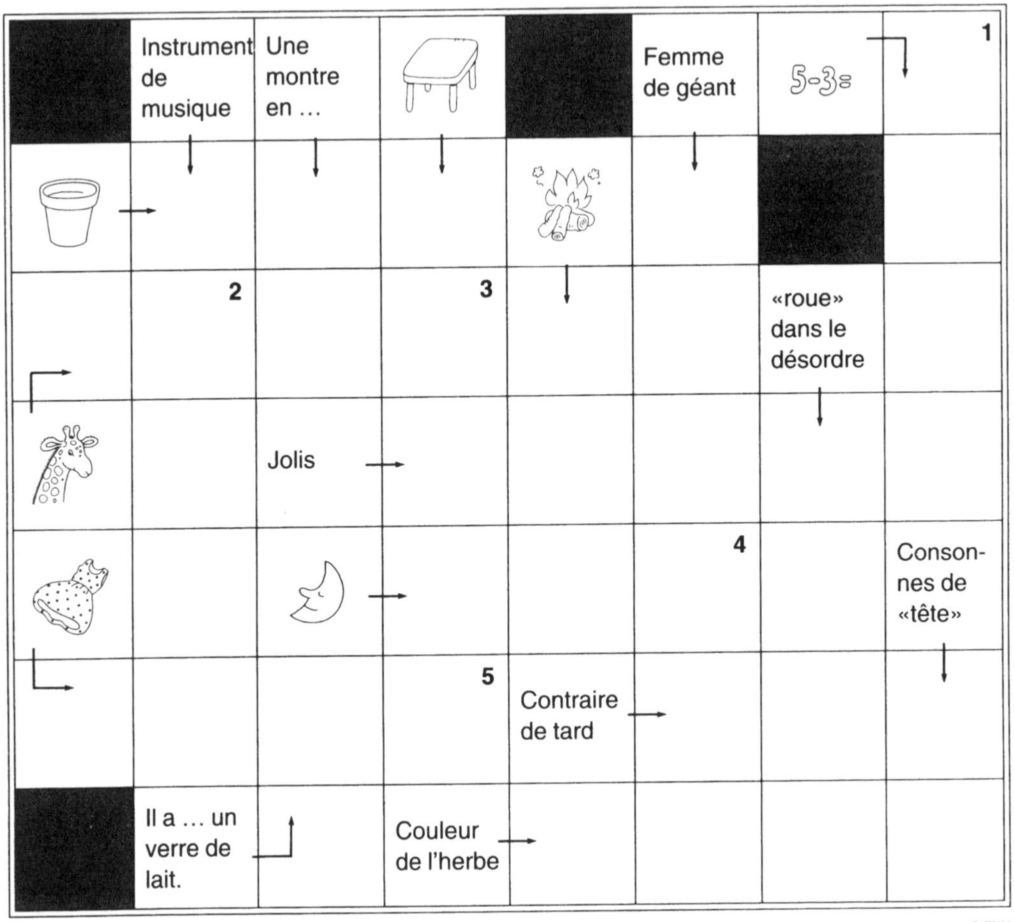

	Instrument de musique	Une montre en …			Femme de géant	5-3=	1
	2		3			«roue» dans le désordre	
		Jolis					
					4		Conson-nes de «tête»
			5	Contraire de tard			
	Il a … un verre de lait.		Couleur de l'herbe				

Recherche les cases portant un chiffre. Inscris, dans le train, les lettres correspondantes pour former un mot.

Qui se trouve dans le train?

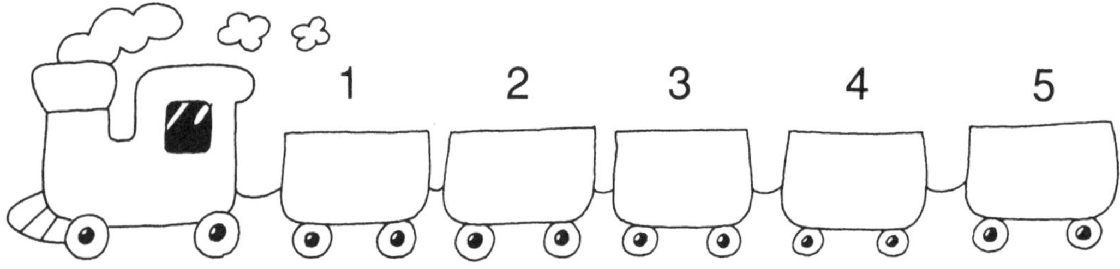

Jeu de réflexion

Un intrus s'est glissé dans chaque série de dessins.
Retrouve-le et barre-le.

1

2

3

4 Espagne Londres France Italie Suisse

5 poivre sel paprika chocolat muscade

LES PAYS EUROPEENS

→ ↓

A	D	A	N	E	M	A	R	K	U	I	R	F	B
I	B	O	O	F	T	E	S	F	L	S	U	I	A
T	J	U	R	N	C	Z	F	A	U	L	J	N	L
A	U	S	V	B	I	M	R	U	X	A	O	L	L
L	S	U	E	D	E	R	A	T	E	N	P	A	E
I	U	I	G	A	S	T	N	E	M	D	Q	N	M
E	R	S	E	C	P	B	C	O	B	E	X	D	A
N	E	S	N	O	A	V	E	W	O	H	I	E	G
G	S	E	A	T	G	L	K	J	U	F	B	E	N
R	K	R	C	S	N	A	U	T	R	I	C	H	E
E	M	I	O	P	E	T	Y	E	G	P	U	I	A
C	O	Q	U	A	N	G	L	E	T	E	R	R	E
E	V	I	R	L	A	N	D	E	L	I	E	V	D
D	P	O	R	T	U	G	A	L	J	R	Z	C	A

Cherche les 16 pays européens

ALLEMAGNE
ANGLETERRE
AUTRICHE
DANEMARK
ESPAGNE
FINLANDE
FRANCE
GRECE
IRLANDE
ISLANDE
ITALIE
LUXEMBOURG
NORVEGE
PORTUGAL
SUEDE
SUISSE

A TROUVER : RACINE COMESTIBLE

Suis le labyrinthe. Chaque mot doit commencer par la dernière lettre du mot précédent.

1. En Belgique et en Angleterre règnent des …
2. Rendre sale.
3. Il a beaucoup d'argent : il est …
4. Le Nouvel An … un jour de fête.
5. Le … entre en gare.
6. A l'opposé du sud se trouve le …
7. Le pouce en est un.
8. Tu dors dessous quand tu fais du camping.

1				8	
		2		■	
		7			
3		6			
			4		5

Quel mot lis-tu dans les cases grises?

……………………………………………………

LA VILLE

p a r c b y m a i s o n a
o v f r d m m l k j u h y
s g e n d a r m e r i e s
t r h b é g l i s e l m t
e r c r c a p g w y m v a
f e t t o s o h c s z a t
p l j g l i m l k j n b u
r u e b e n h s p l a c e

? En traversant la ville, tu peux apercevoir beaucoup d'endroits. Peux-tu les retrouver dans la grille?

école église gendarmerie

magasin maison parc

place poste rue statue

LE PARC

Le château est entouré d'un très beau parc. Ce parc doit être divisé en quatre parties égales. Dans chaque partie doit se trouver un arbre, un étang et un banc.
Délimite les quatre parties du parc.

ENCORE DES ANIMAUX

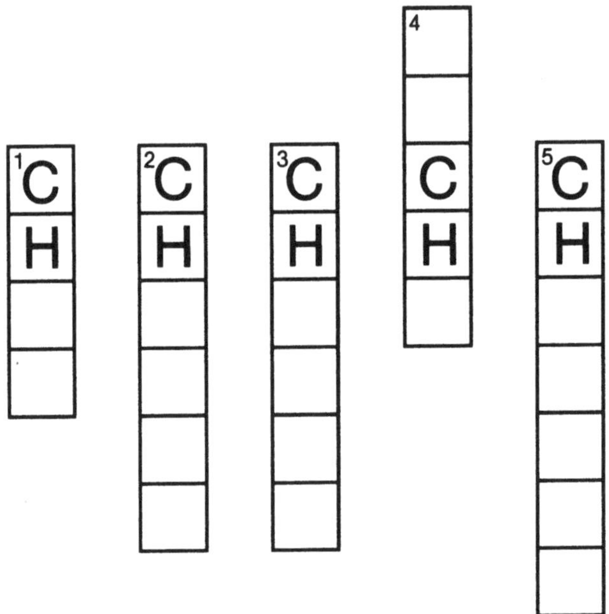

1- Il aime beaucoup le lait.
2- On lui met une selle.
3- Elle donne du lait comme la vache.
4- Elle broute l'herbe du pré.
5- Il a deux bosses sur le dos.

MOTS FLECHES

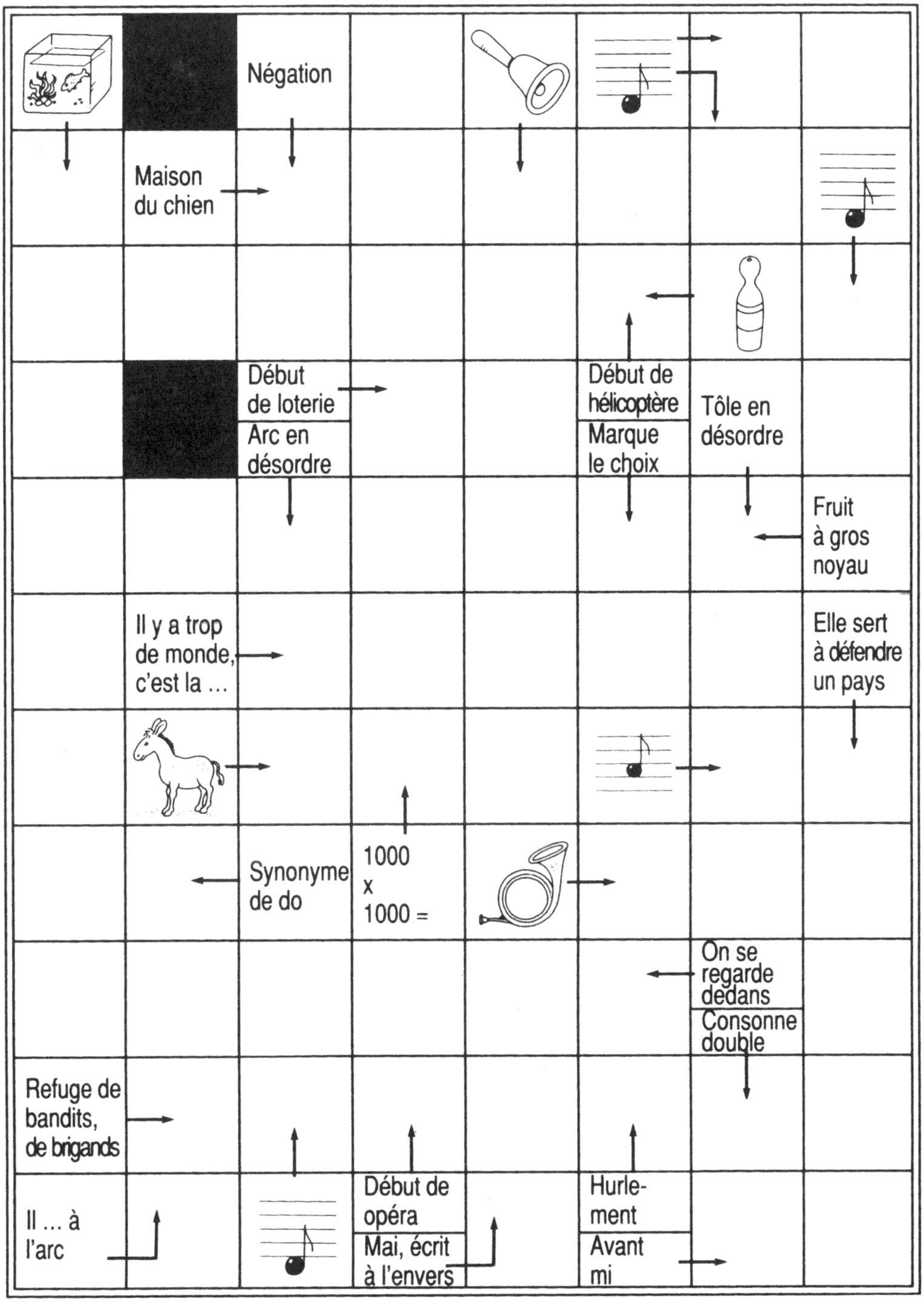

	■	Négation					
	Maison du chien						
	■	Début de loterie / Arc en désordre			Début de hélicoptère / Marque le choix	Tôle en désordre	
							Fruit à gros noyau
	Il y a trop de monde, c'est la …						Elle sert à défendre un pays
		Synonyme de do	1000 x 1000 =				
						On se regarde dedans / Consonne double	
Refuge de bandits, de brigands							
Il … à l'arc			Début de opéra / Mai, écrit à l'envers		Hurlement / Avant mi		

LE MARIAGE

1. N'est pas encore marié
2. Prendre pour époux
3. On les publie avant le mariage
4. On le porte au doigt
5. Synonyme de mariage
6. Le prêtre la célèbre
7. Belle cérémonie

	1	2			3			4			
				5							
6											
7											

LES INTRUS

Dans chaque bulle de savon se trouve un chiffre. Un de ces chiffres ne correspond pas aux autres. Noircis la bulle qui contient ce chiffre.

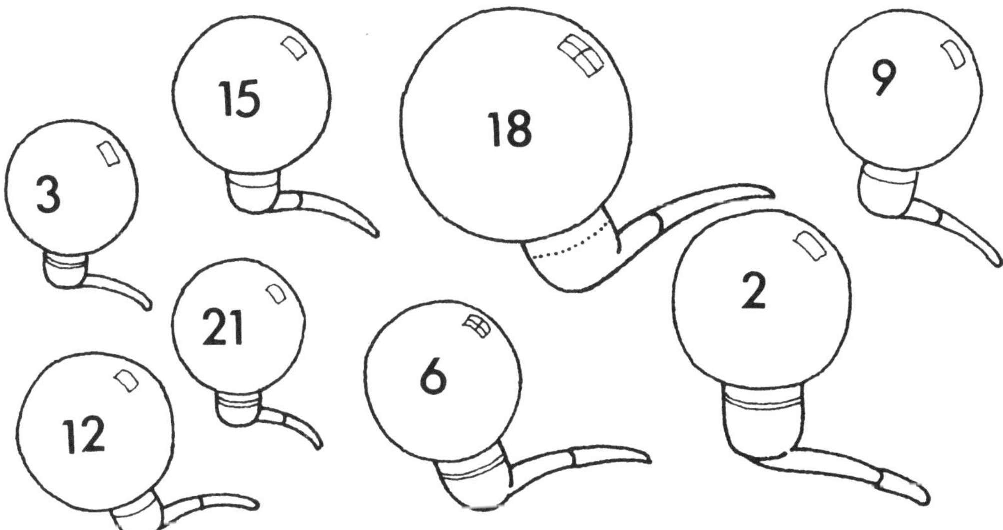

Il y a aussi un intrus parmi ces formes géométriques. Noircis celle contenant le mauvais chiffre.

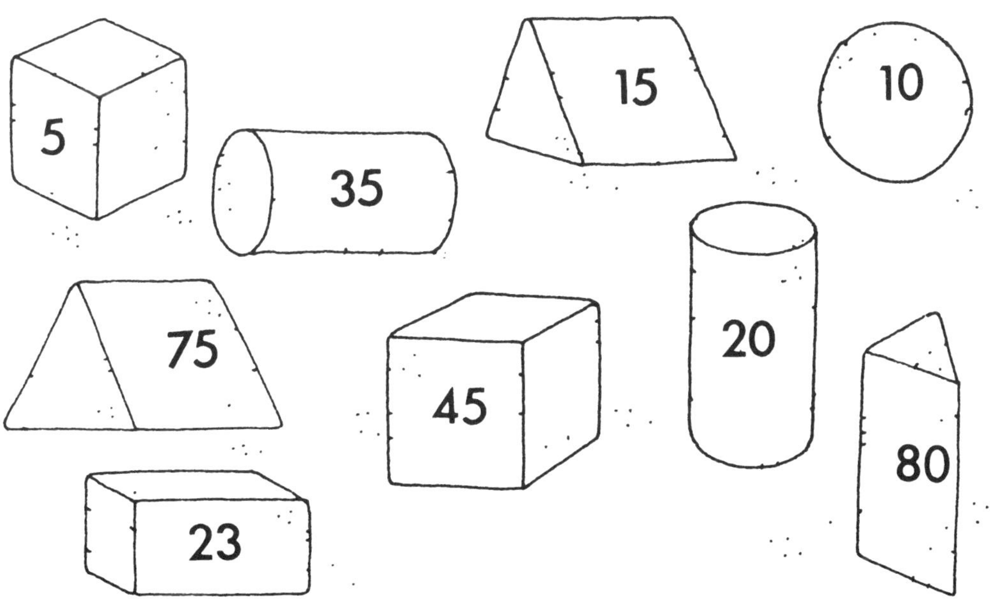

Mots fléchés

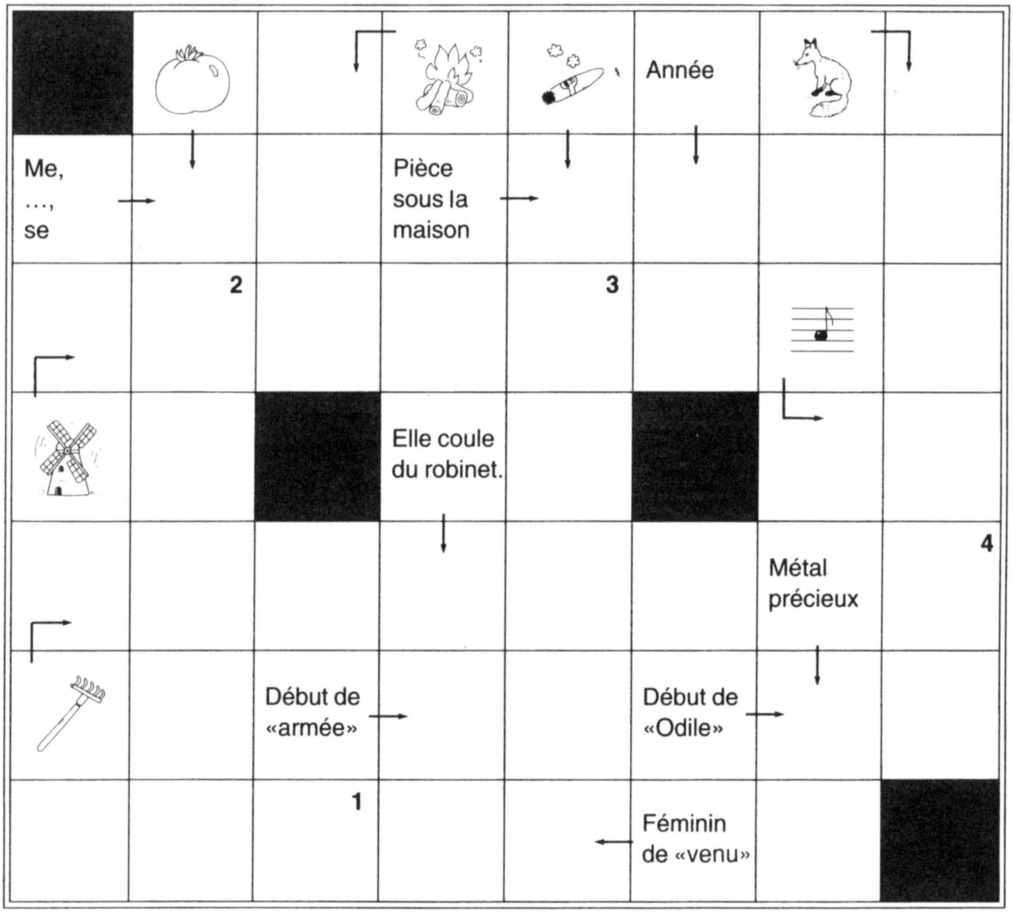

■						Année		
Me, …, se			Pièce sous la maison				
	2			3			
		■	Elle coule du robinet.		■		
						Métal précieux	4
		Début de «armée»			Début de «Odile»		
		1			Féminin de «venu»		■

Recherche les cases portant un chiffre. Inscris, dans le train, les lettres correspondantes pour former un mot.

Quelle est la couleur du train?

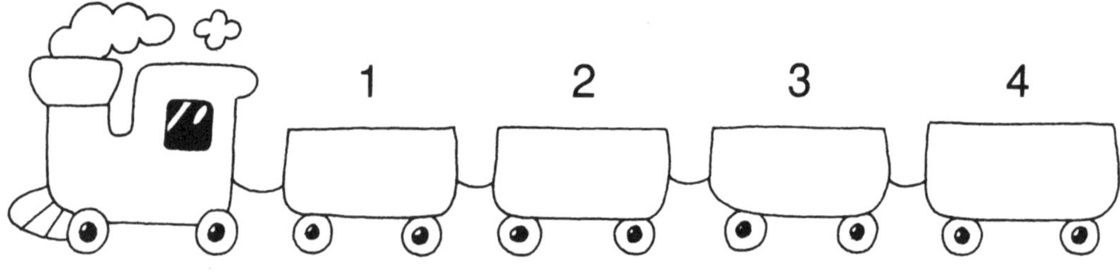

MANGER ET BOIRE

→ ↓

I	O	P	I	O	S	I	S	P	O	T	A	G	E
B	E	U	R	R	E	T	D	O	M	O	N	F	E
T	U	K	O	F	T	O	S	I	P	P	O	C	S
K	F	R	U	I	T	E	E	S	O	V	P	O	P
I	H	E	R	E	S	E	T	S	V	I	L	N	A
G	L	E	G	U	M	E	P	O	U	A	F	F	G
N	A	S	D	R	O	V	J	N	E	N	S	I	H
P	I	F	D	I	B	S	A	H	R	D	U	T	E
W	A	R	G	A	L	C	A	F	E	E	T	U	T
Y	A	O	U	R	T	J	I	O	O	P	M	R	T
L	A	M	T	I	R	U	P	L	S	A	G	E	I
E	P	A	I	N	D	U	E	A	U	R	O	A	M
P	O	G	Y	T	F	J	F	I	C	O	S	T	A
V	U	E	B	Z	A	S	A	T	C	U	R	I	Z

Cherche les 16 aliments et boissons

BEURRE
CAFE
CONFITURE
EAU
FROMAGE
FRUIT
LAIT
LEGUME

OEUF
PAIN
POISSON
POTAGE
RIZ
SPAGHETTI
VIANDE
YAOURT

LE CORPS HUMAIN

1. Membre inférieur
2. Membre supérieur
3. Continue la jambe
4. Partie de la main
5. Doigt de pied
6. Elle se trouve dans la bouche
7. Dessus du corps
8. Elle possède cinq doigts
9. Elle sert à mordre
10. Arrière du corps
11. Pour entendre

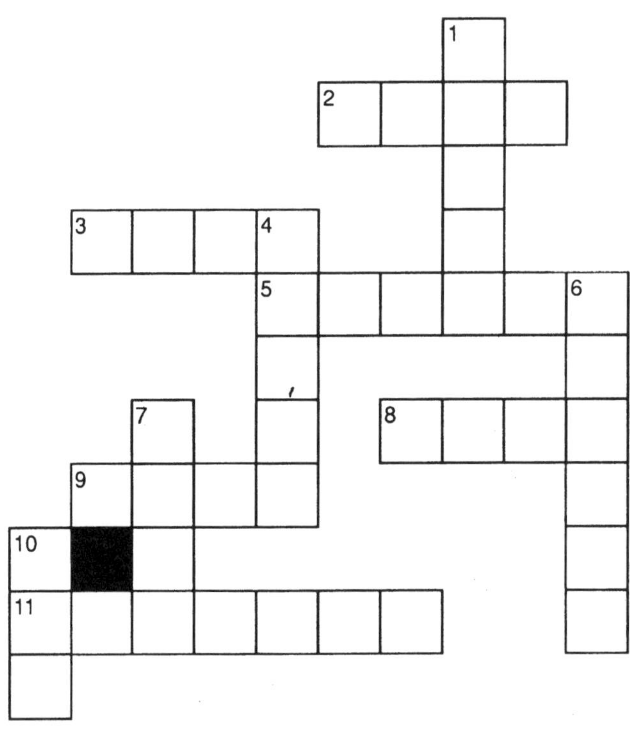

CALCULER AVEC LES ANIMAUX

Chaque animal représente un chiffre différent. Dans la colonne de droite se trouve la somme de chaque rangée. En bas se trouve la somme de chaque colonne. A quel chiffre correspond chaque animal?

Un conseil: Commence par la deuxième rangée.

LE JARDIN

1. Coin à légumes
2. Jeu de jardin
3. Se cultivent dans le potager
4. On le cueille
5. On doit la tondre

A TROUVER : NOM D'UNE PLANETE

Suis le labyrinthe. Chaque mot doit commencer par la dernière lettre du mot précédent.

1. A l'avant du corps, il y a le ventre, à l'arrière il y a le …
2. Neuf - deux = …
3. Abréviation de tramway.
4. Il faut boire et …
5. Bruit qui circule.
6. Venir à nouveau.
7. Plus gros qu'une souris.
8. Contraire de pousser.
9. Ce n'est pas grave : ça ne fait …

1		2		4		
				5		
			3			
	6				■	
7		8				9

Quel mot lis-tu dans les cases grises?

…………………………………………………

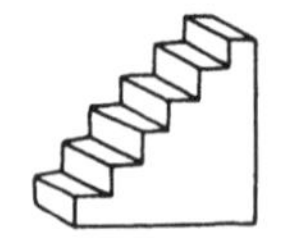

JE CONSTRUIS MA MAISON

v	b	r	i	q	u	e	n	u	c	f	g	b
p	f	n	y	a	f	k	i	s	i	n	b	r
p	b	m	a	ç	o	n	r	g	m	u	r	o
i	v	g	t	r	s	a	r	l	e	h	b	u
o	k	g	r	u	e	b	v	c	n	h	b	e
c	s	d	f	g	h	j	b	é	t	o	n	t
h	j	u	f	t	u	i	l	e	b	v	c	t
e	r	t	o	i	t	a	t	r	o	n	s	e

? Martin construit sa maison. Tout ce qu'il utilise est caché dans la grille ci-dessus. Peux-tu les retrouver?

béton brique brouette

ciment grue maçon

mur pioche toit tuile

LE JEU DE FLECHETTES

Chaque joueur a reçu trois fléchettes.
Jean a inscrit 35 points.
Hélène a inscrit 50 points.
Thomas a inscrit 60 points.
Emilie a inscrit 45 points.
Les joueurs ont tous réussi à placer leurs trois fléchettes dans des cercles différents de la cible. Colorie les cercles atteints par les trois fléchettes.

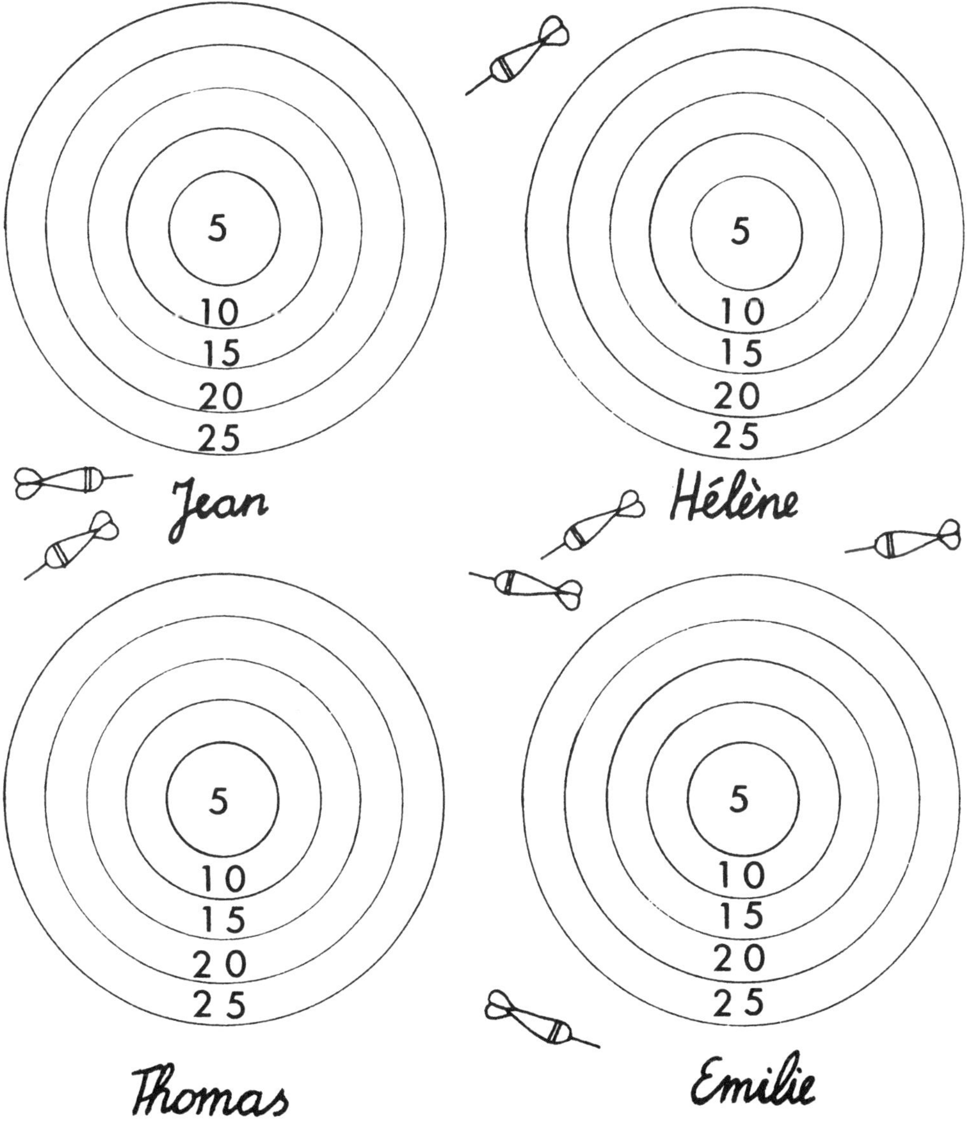

LES VACANCES

Quel mot trouves-tu dans le cadre vertical?

1. On les porte pour marcher dans la neige
2. Blouson de sport d'hiver
3. Pour se protéger du soleil
4. Les ... d'hiver
5. Il effectue une ... rapide
6. Sport très pratiqué en hiver

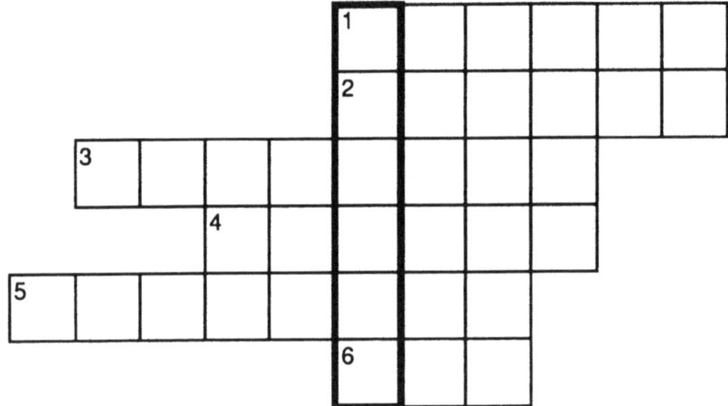

Rébus

i = e

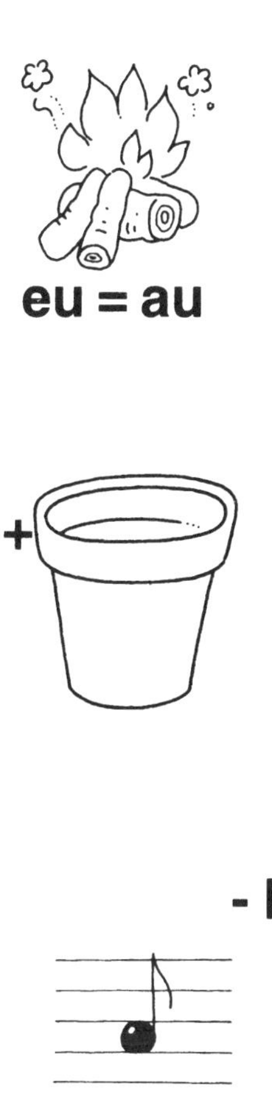

eu = au

+ dre

la +

l'

- l

+ de

i = avoir

b = t

s = é

Solution: Il ne faut pas vendre la peau de l'ours avant de l'avoir tué.

Mots masqués

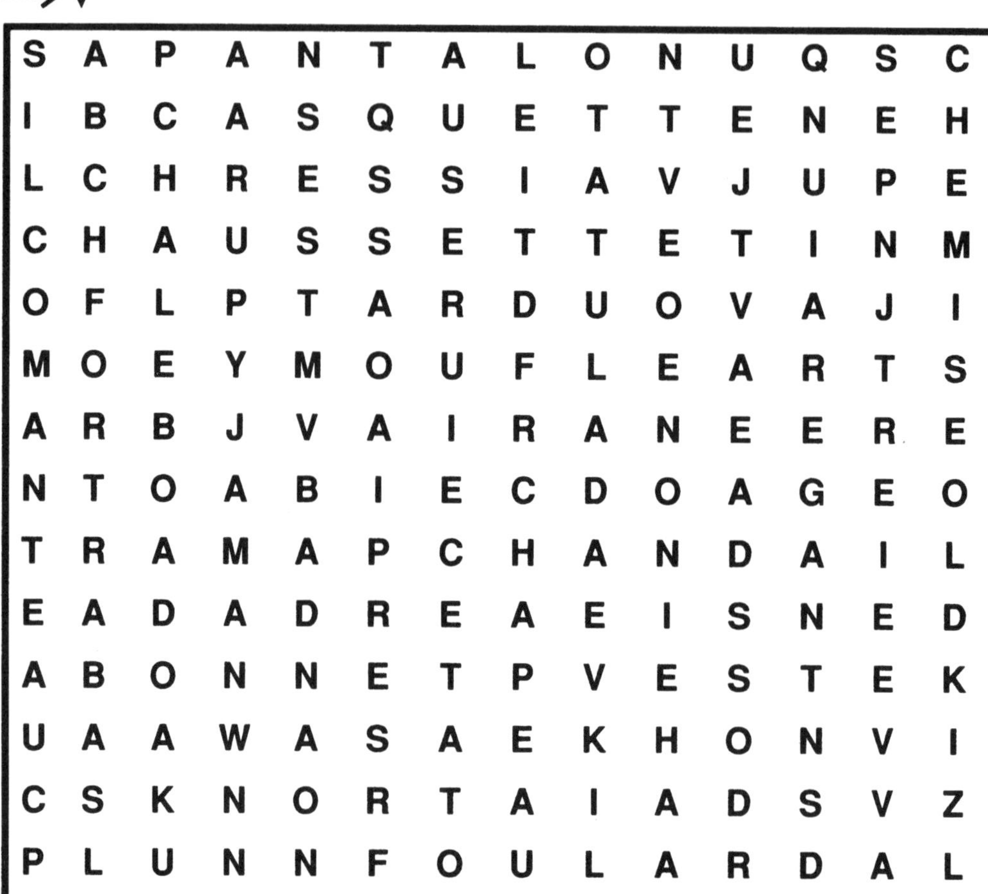

S	A	P	A	N	T	A	L	O	N	U	Q	S	C
I	B	C	A	S	Q	U	E	T	T	E	N	E	H
L	C	H	R	E	S	S	I	A	V	J	U	P	E
C	H	A	U	S	S	E	T	T	E	T	I	N	M
O	F	L	P	T	A	R	D	U	O	V	A	J	I
M	O	E	Y	M	O	U	F	L	E	A	R	T	S
A	R	B	J	V	A	I	R	A	N	E	E	R	E
N	T	O	A	B	I	E	C	D	O	A	G	E	O
T	R	A	M	A	P	C	H	A	N	D	A	I	L
E	A	D	A	D	R	E	A	E	I	S	N	E	D
A	B	O	N	N	E	T	P	V	E	S	T	E	K
U	A	A	W	A	S	A	E	K	H	O	N	V	I
C	S	K	N	O	R	T	A	I	A	D	S	V	Z
P	L	U	N	N	F	O	U	L	A	R	D	A	L

Cherche les 16 pièces de vêtement

BAS
BONNET
CASQUETTE
CHALE
CHANDAIL
CHAPEAU
CHAUSSETTE
CHEMISE
FOULARD
GANT
JUPE
MANTEAU
MOUFLE
PANTALON
PYJAMA
VESTE

COUPAGE ET COLLAGE

Pour reconstituer ce voilier, tu dois employer 5 morceaux. Combien de voiliers entiers peux-tu reconstituer avec tous ces éléments ?

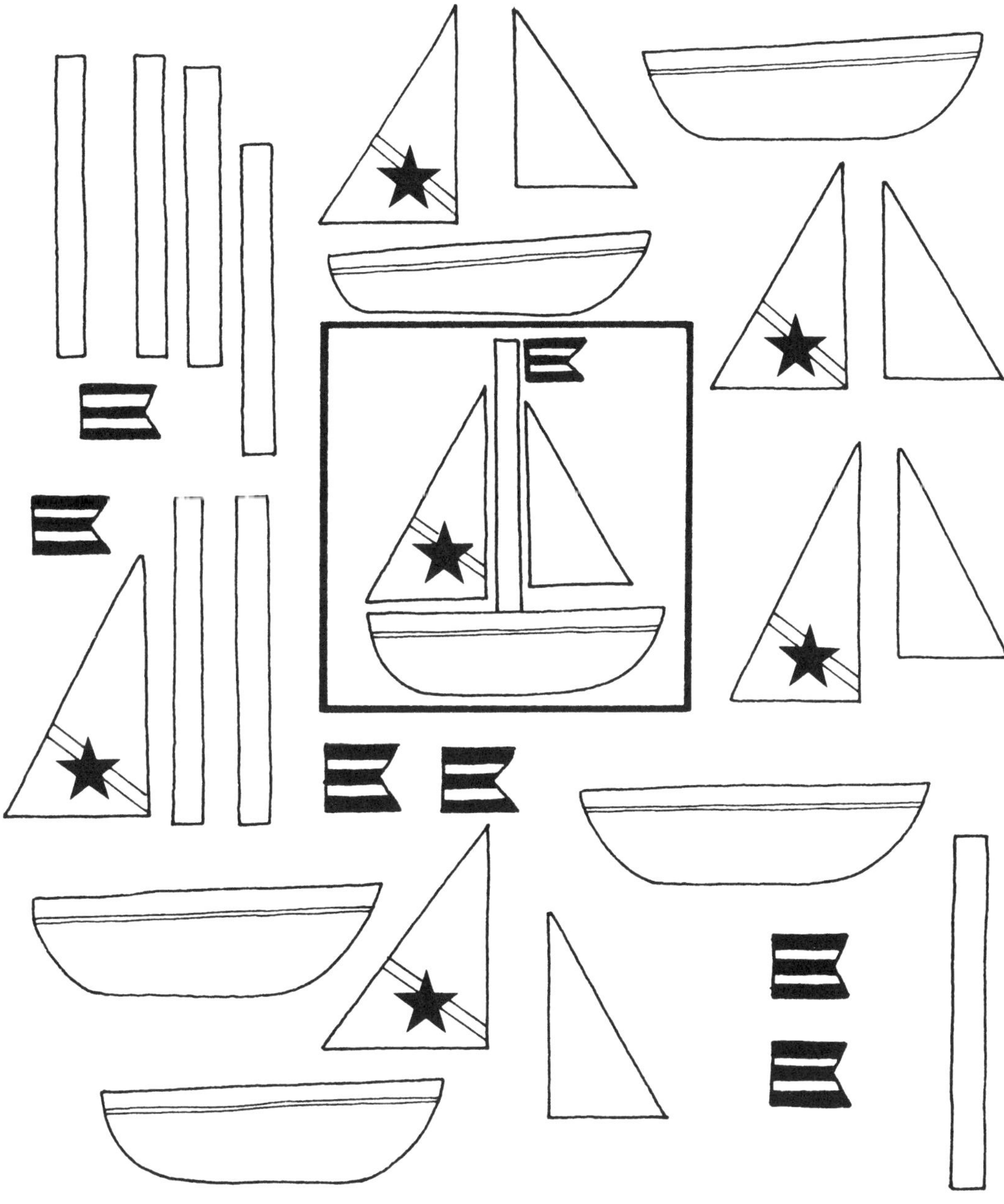

Je peux reconstituer ..... voiliers.

 Mots fléchés 

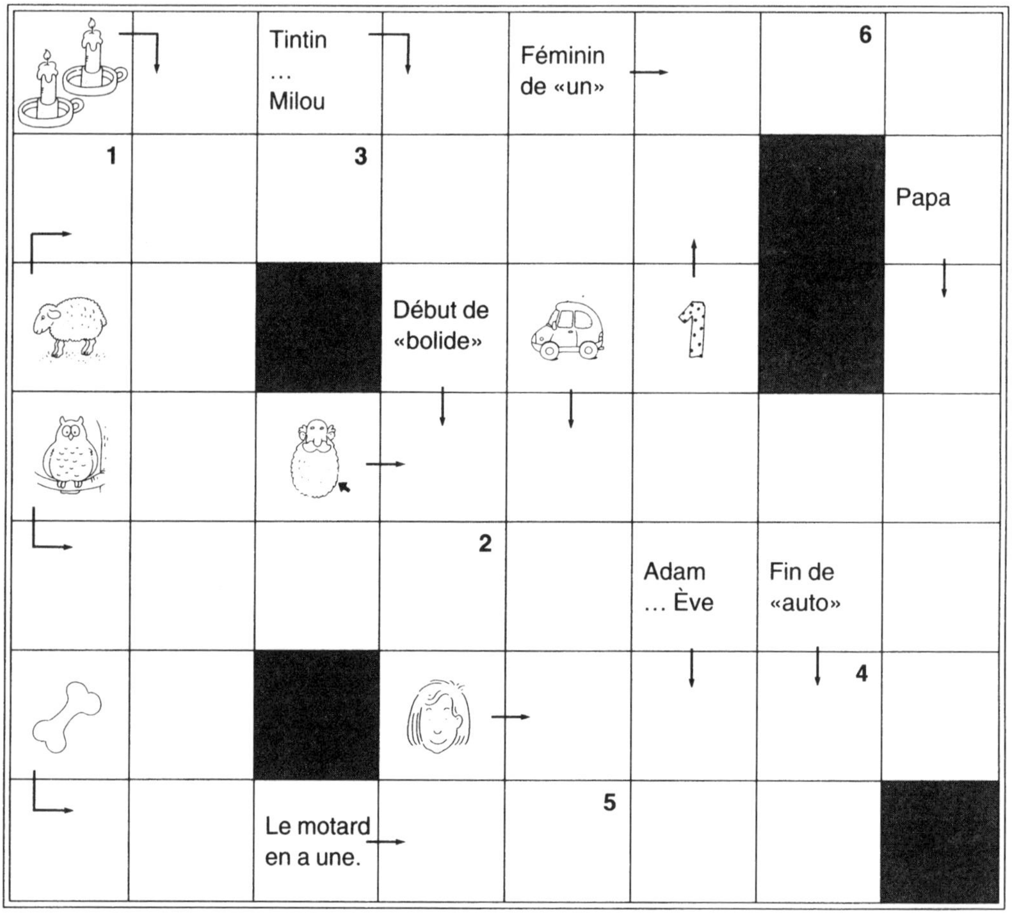

		Tintin … Milou		Féminin de «un»		6	
1		3					Papa
			Début de «bolide»				
			2		Adam … Ève	Fin de «auto»	
						4	
		Le motard en a une.		5			

Recherche les cases portant un chiffre. Inscris, dans le train, les lettres correspondantes pour former un mot.

Quel animal se cache dans le train?

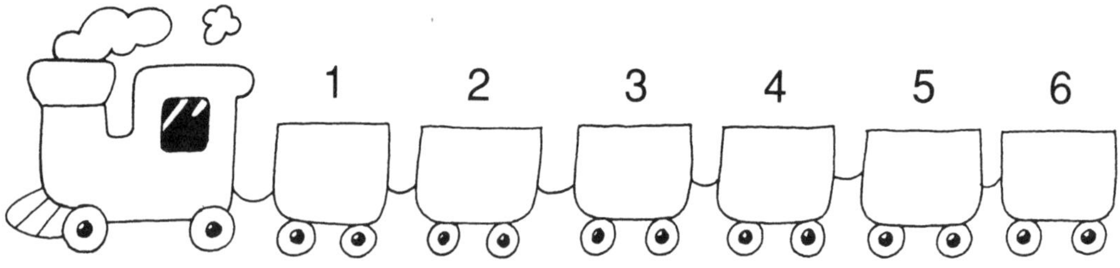

LES PAYS

Quel nom de pays trouves-tu dans le cadre vertical?

1. On y parle le portugais
2. A l'est de la Belgique
3. Ancien pays d'Europe
4. Pays de montagnes
5. Sa capitale est Bruxelles
6. On y trouve des Tyroliens
7. Pays nordique

1										
2										
3										
4										
5										
6										
7										

MOT MELANGE

Replace ces lettres dans le bon ordre pour reconstituer le nom d'un sport de ballon.

O	L	F	B	O	L	T	A

MOTS FLECHES

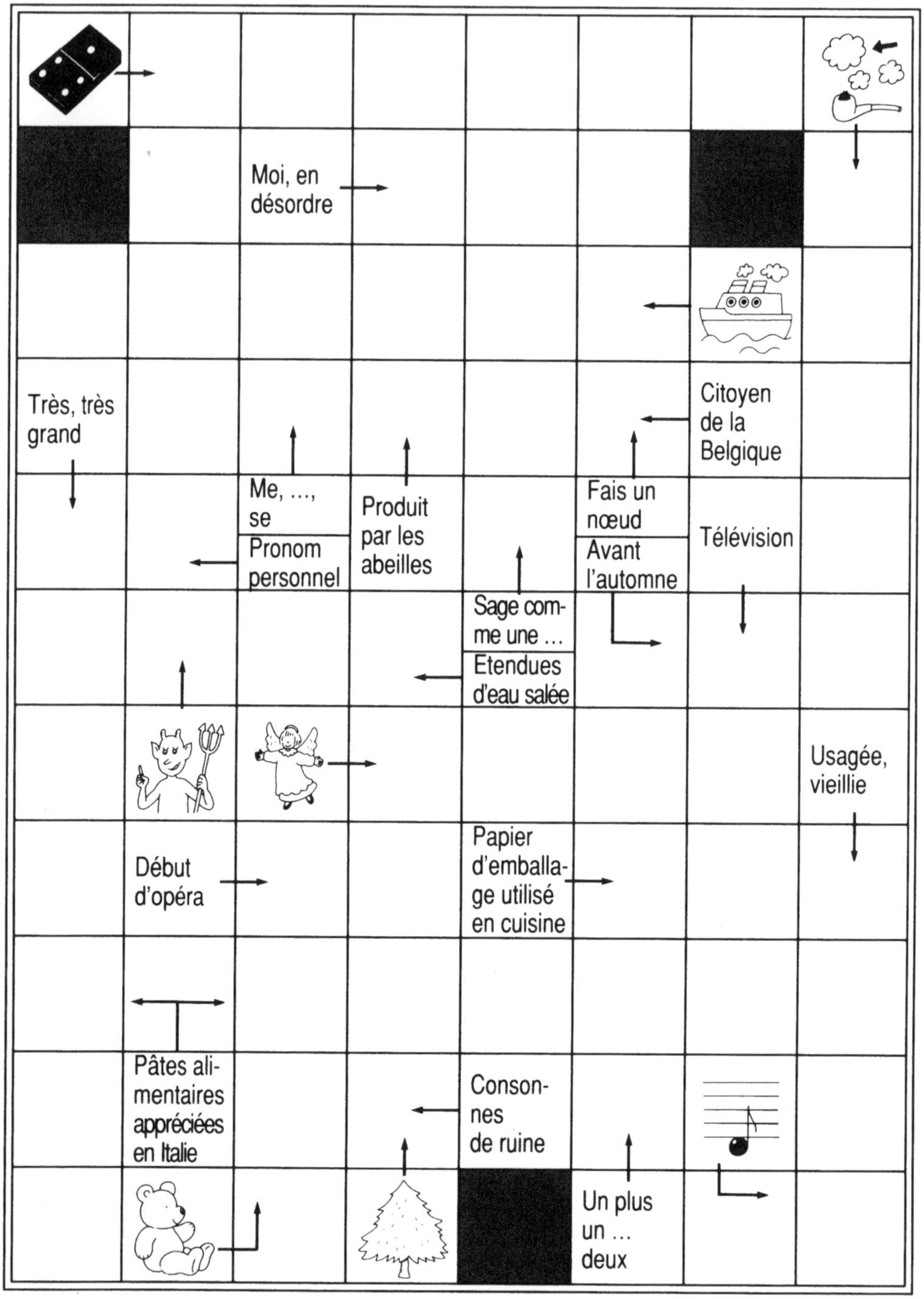

■		Moi, en désordre				■	
Très, très grand						Citoyen de la Belgique	
		Me, ..., se Pronom personnel	Produit par les abeilles		Fais un nœud Avant l'automne	Télévision	
				Sage comme une ... Etendues d'eau salée			
							Usagée, vieillie
	Début d'opéra			Papier d'emballage utilisé en cuisine			
	Pâtes alimentaires appréciées en Italie			Consonnes de ruine			
				■	Un plus un ... deux		

SUR LA BALANCE

Combien pèse chaque fruit?

LES ANIMAUX

1. Maman du faon
2. Il cancane
3. Il est têtu
4. Il aime les carottes

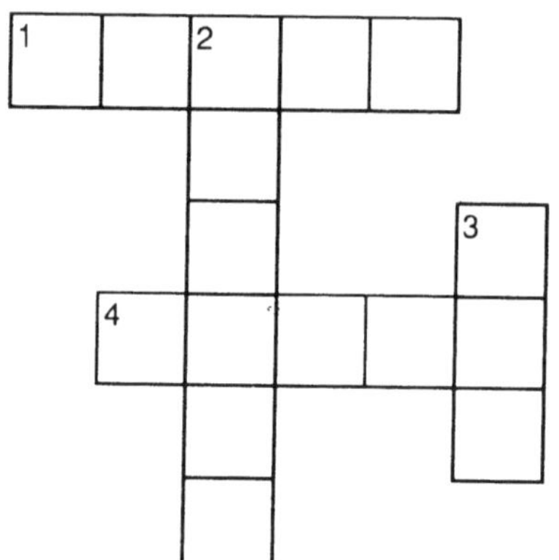

1. Elle vit sous terre
2. Il roucoule
3. Elle jacasse
4. Petit de l'âne

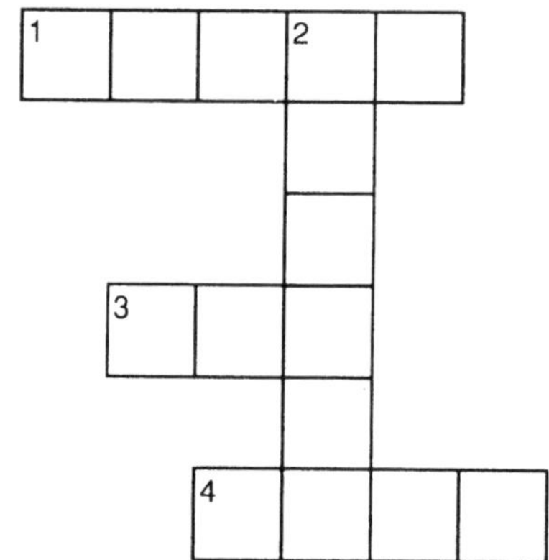

A TROUVER : COULEUR

Suis le labyrinthe. Chaque mot doit commencer par la dernière lettre du mot précédent.

1. Le train roule sur des … (s).
2. Il se promène dans les bois.
3. Ce ne sont pas des plumes, c'est du …
4. Bouche de l'oiseau.
5. On entend un … de feu.
6. Après avoir repassé des vêtements, il te faut les …
7. Je traverse la …
8. Mon chien … un doberman.
9. Grand-père remplit sa pipe de …
10. Mon … attrape beaucoup de souris.

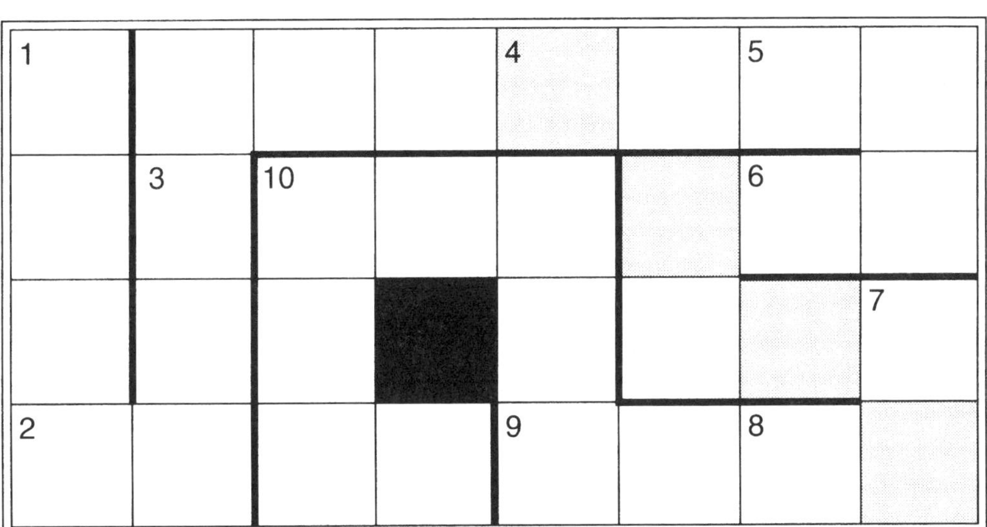

Quel mot lis-tu dans les cases grises?

…………………………………………………………

LES ARBRES

c	n	t	b	o	u	l	e	a	u	p	i	u
e	b	n	o	y	e	r	s	a	z	l	j	p
r	v	f	r	d	h	j	v	s	f	a	h	r
i	v	s	c	h	ê	n	e	n	r	t	f	u
s	a	u	l	e	t	b	a	q	ê	a	b	n
i	b	e	g	d	r	k	q	s	n	n	l	i
e	j	n	b	v	e	d	f	g	e	e	f	e
r	z	e	r	t	u	s	a	p	i	n	b	r

? Au cours de sa promenade, Marc a reconnu dix arbres. Peux-tu les retrouver dans la grille ci-dessus?

bouleau cerisier chêne

frêne hêtre noyer

platane prunier sapin saule

SUITES LOGIQUES

Peux-tu compléter chaque rangée de chiffres ?

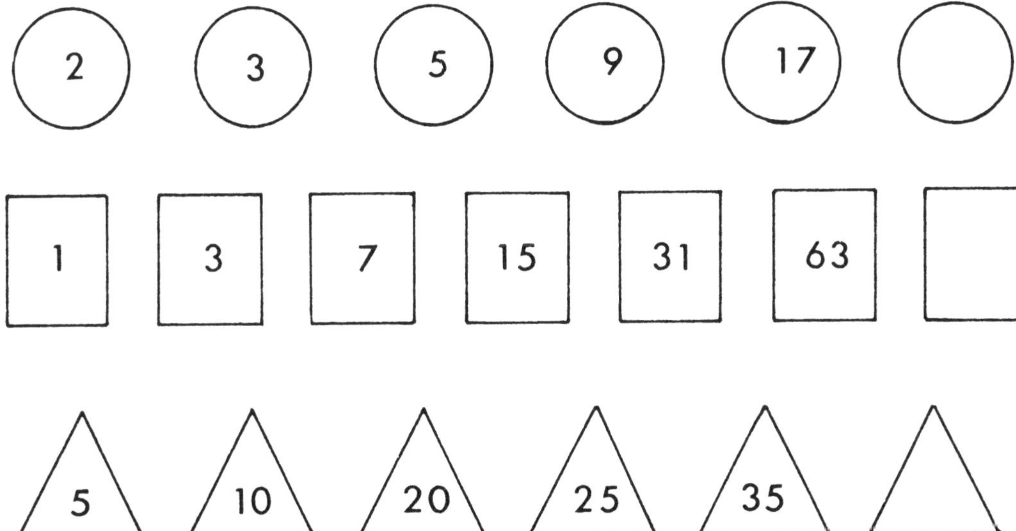

Dessine le dernier élément de chaque rangée.

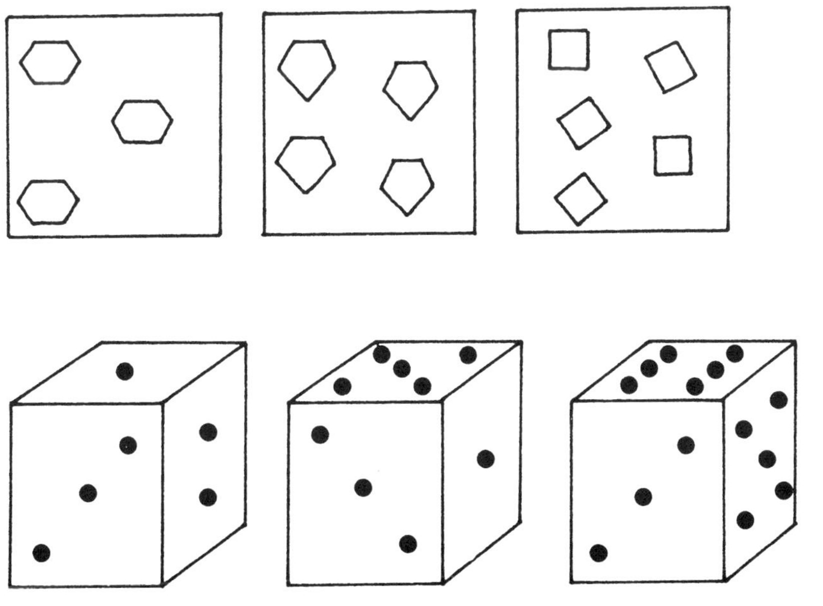

LES DOCTEURS

HORIZONTALEMENT
2. Soigne la peau
4. Soigne les animaux

VERTICALEMENT
1. Soigne les enfants
2. Soigne les dents
3. Soigne le cœur

LA GRILLE CHIFFREE

Recherche dans la grille les trois carrés ci-dessous.
Colorie-les en rouge, en jaune et en bleu.

×

rouge

1	2
3	4

jaune

1	−	+
−	2	−
+	−	3

bleu

1	4	+	−	+	+	2	2	1
+	−	1	2	3	+	−	+	3
1	−	3	4	−	3	2	2	−
2	−	+	1	+	1	−	+	−
3	3	−	4	4	−	2	−	+
+	1	+	−	1	+	−	3	4
1	×	2	3	−	2	3	−	2
+	−	3	+	4	+	−	+	1

→↓ LES COULEURS ET LES FORMES

I	M	E	N	A	N	O	I	R	E	V	T	V	T
L	G	S	L	I	H	N	E	A	J	C	U	E	R
R	R	O	R	O	S	E	G	B	L	E	U	R	A
E	I	E	R	T	I	O	N	E	B	R	U	T	B
C	S	A	V	I	O	L	E	T	A	C	G	A	M
T	S	A	R	L	B	I	O	R	C	L	E	L	A
A	I	T	A	E	L	E	X	O	U	E	V	L	U
N	O	H	E	X	A	G	O	N	E	Q	U	I	V
G	T	N	E	M	N	T	S	E	T	E	R	T	E
L	I	B	T	A	C	A	R	R	E	R	O	N	S
E	T	R	I	A	N	G	L	E	R	T	U	E	N
P	N	U	M	A	R	N	O	C	E	E	G	F	I
E	A	N	C	U	O	L	I	R	A	M	E	N	O
S	I	M	E	B	U	H	J	A	U	N	E	E	C

Cherche les 16 couleurs et formes

BLANC
BLEU
BRUN
CARRE
CERCLE
GRIS
HEXAGONE
JAUNE

MAUVE
NOIR
RECTANGLE
ROSE
ROUGE
TRIANGLE
VERT
VIOLET

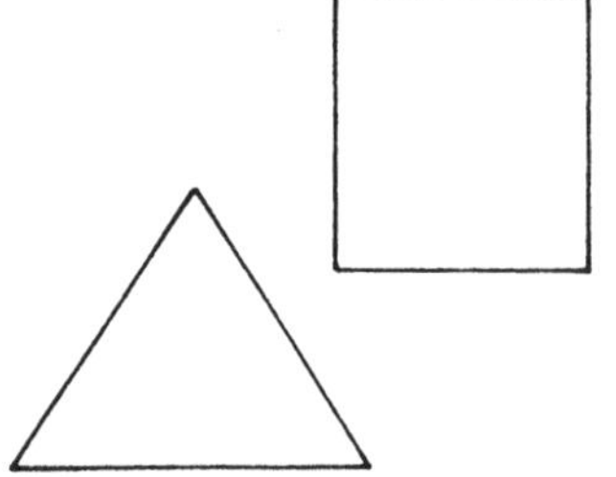

LE CARRE MAGIQUE

Inscris les chiffres manquants sachant que la somme des chiffres de haut en bas et de gauche à droite est toujours 34.

1	8	13	12
	11		7
4		16	
15			6

12	13		1
	3		15
7		11	
	16	5	

Ici, la somme des chiffres de haut en bas et de gauche à droite est toujours 65.

	1		22	19
23	16			3
	11	13	15	
8	12	17	10	18
7		24	4	

19	3	12		
11	25		18	2
8		1		24
	14	23	7	
22			4	13

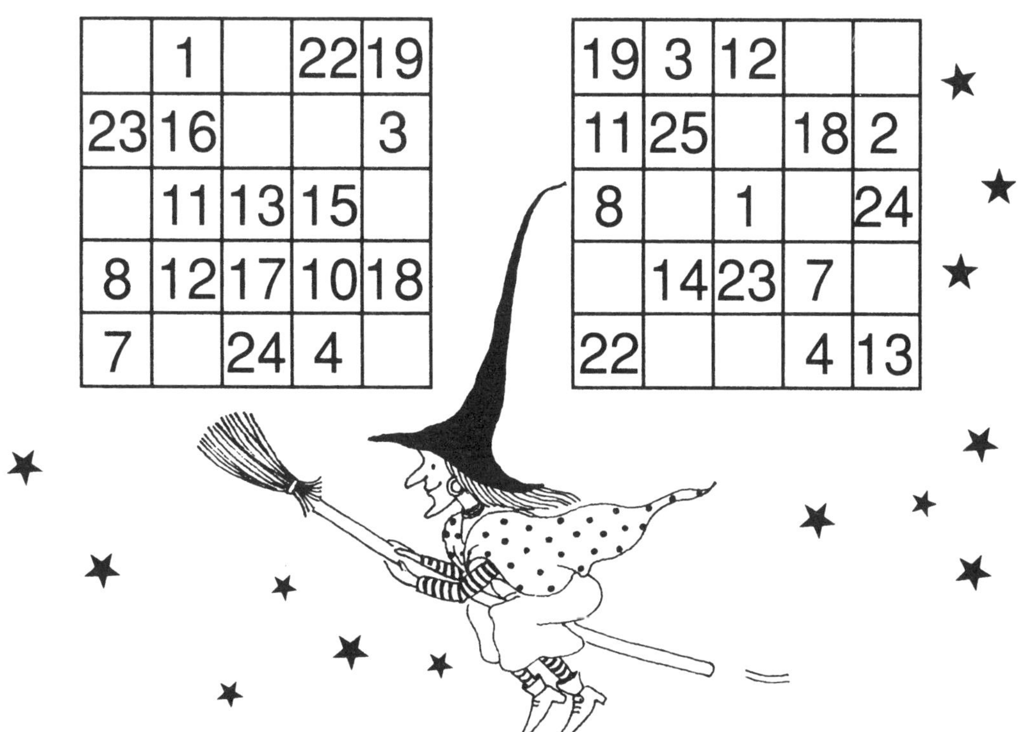

Mots fléchés

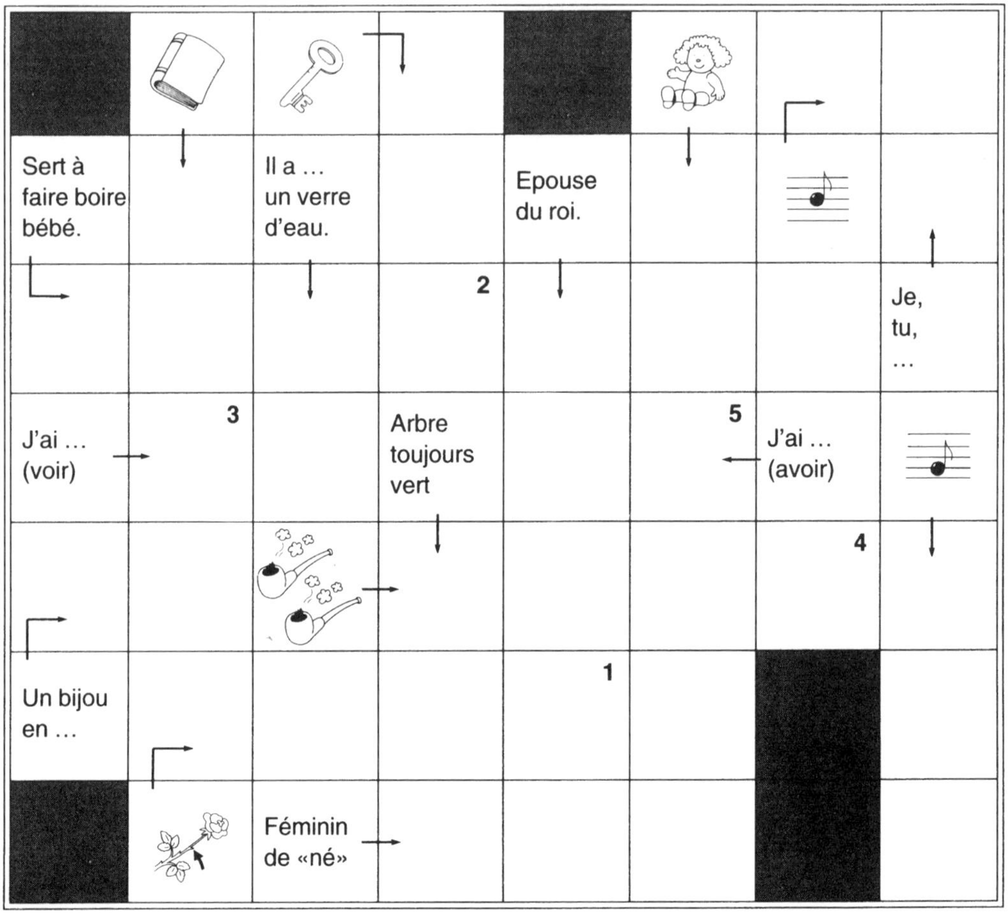

Sert à faire boire bébé.		Il a … un verre d'eau.		Epouse du roi.			
			2				Je, tu, …
J'ai … (voir)	3		Arbre toujours vert		5	J'ai … (avoir)	
						4	
Un bijou en …				1			
		Féminin de «né»					

Recherche les cases portant un chiffre. Inscris, dans le train, les lettres correspondantes pour former un mot.

Qui se trouve dans le train?

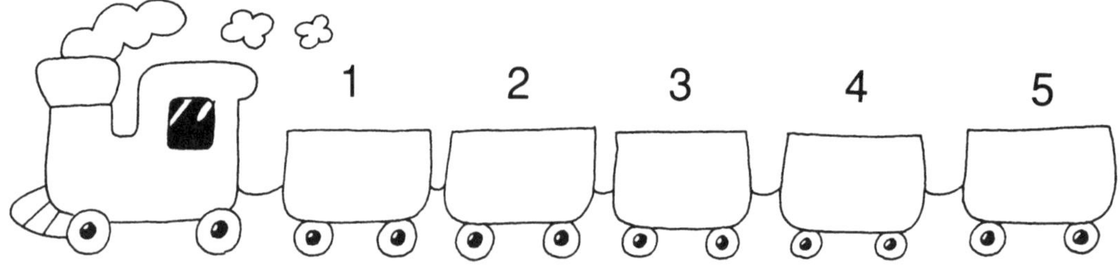

FGHIJ

1. Délimite deux pays
2. Elle aime les bonnes choses
3. Il nous prédit parfois l'avenir
4. L'école le fait
5. Femme de Japonais

1F	2G	3H	4I	5J
	R		T	
T		S		N

MOT MELANGE

Replace ces lettres dans le bon ordre pour découvrir un nom de métier.

O	S	P	E	U	R	R	F	E	S

MOTS FLECHES

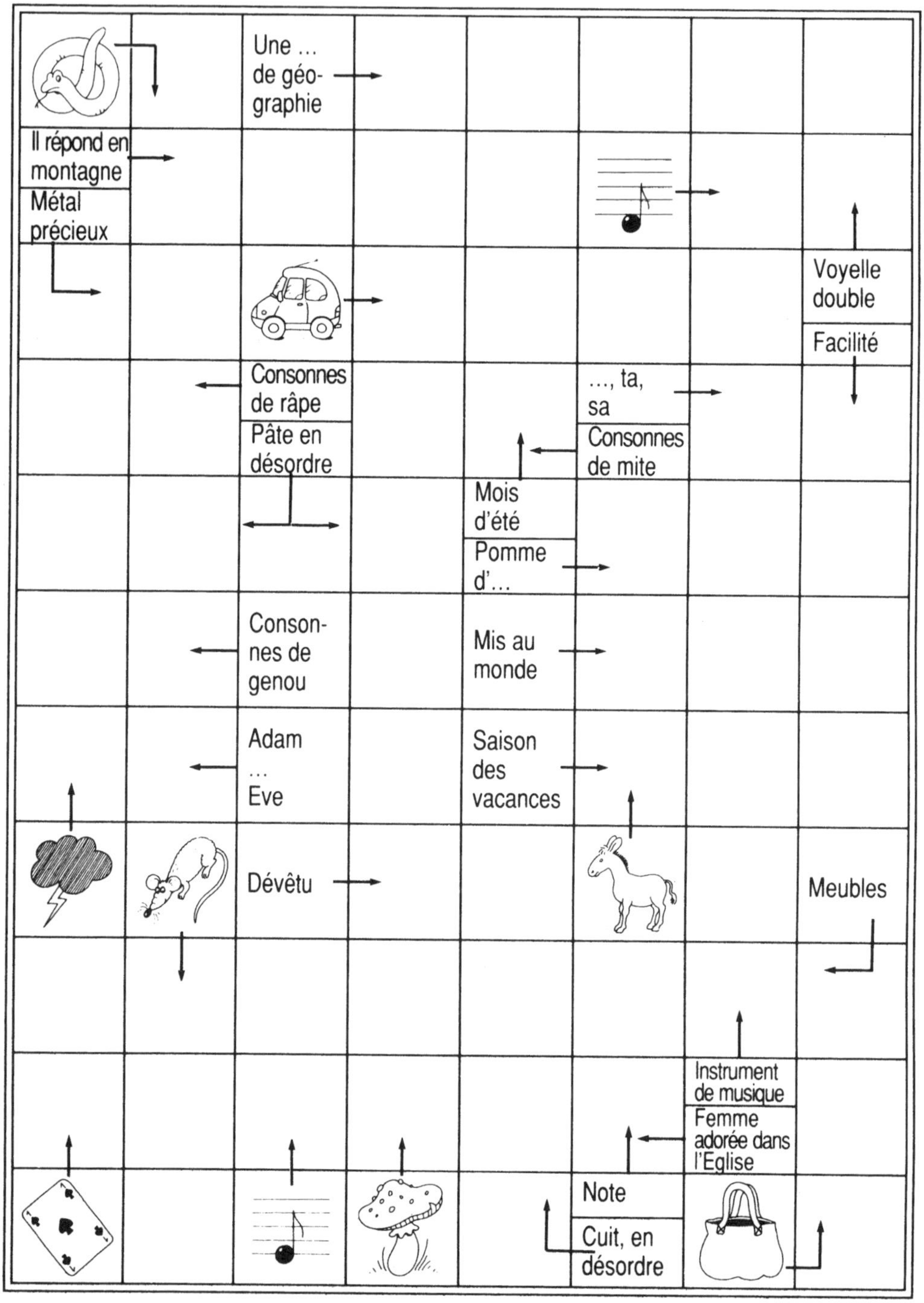

		Une … de géographie					
Il répond en montagne / Métal précieux							
							Voyelle double / Facilité
		Consonnes de râpe / Pâte en désordre			…, ta, sa / Consonnes de mite		
				Mois d'été / Pomme d'…			
		Conson-nes de genou		Mis au monde			
		Adam … Eve		Saison des vacances			
		Dévêtu					Meubles
						Instrument de musique / Femme adorée dans l'Eglise	
					Note / Cuit, en désordre		

Rébus

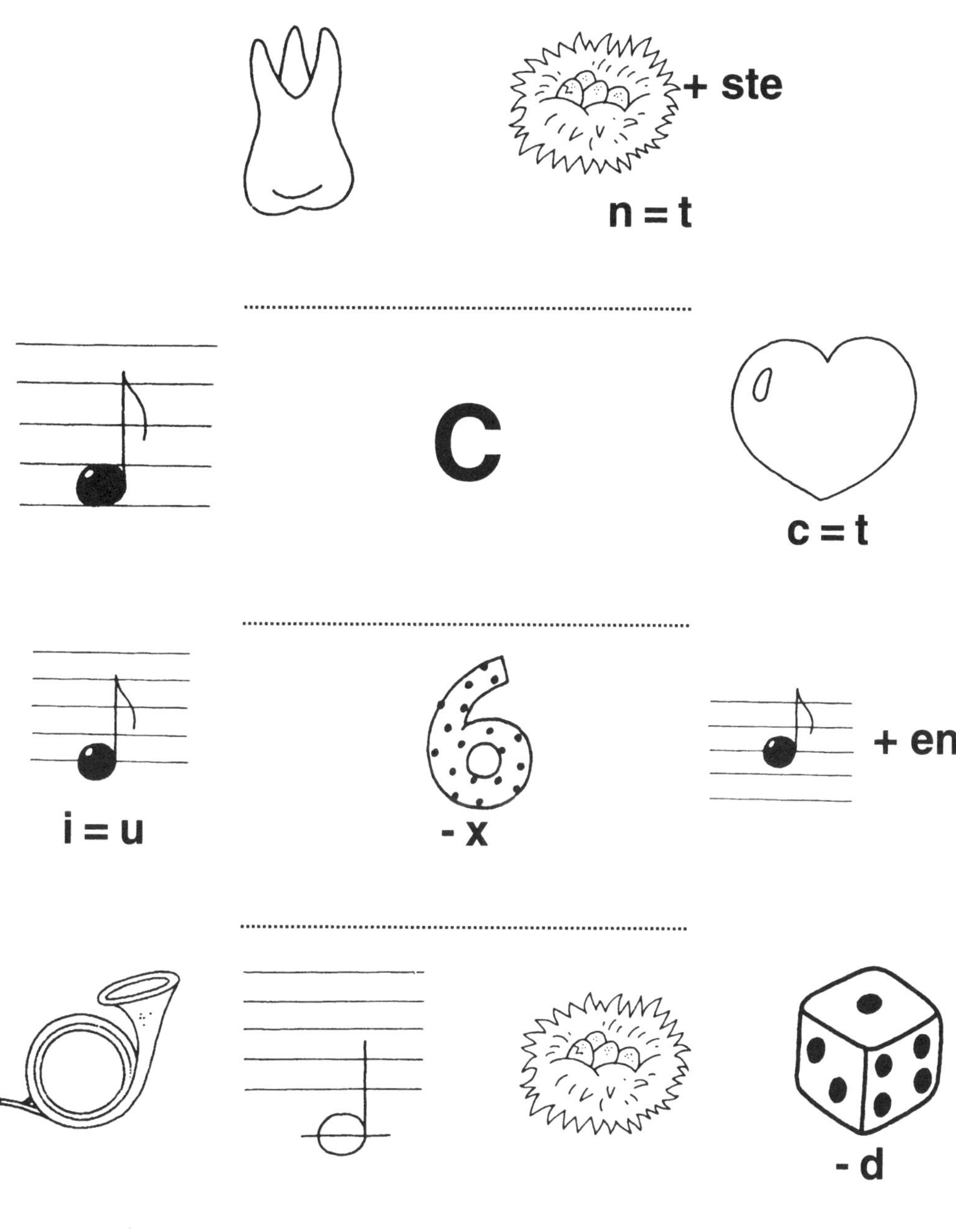

Solution: Dentiste, facteur, musicien, cordonnier.

GRILLE CLASSIQUE

HORIZONTALEMENT

1. Bugs Bunny en mange beaucoup
2. Elle compte soixante minutes
3. Métal jaune précieux – Joyeux
4. Fruits du cerisier
5. L'... du bois, c'est sa bordure, sa lisière
6. Endroits où on fabrique des objets à l'aide de machines
7. C'est l'abréviation de la Taxe sur la Valeur Ajoutée
8. On ne peut pas voir à l'intérieur de la voiture car les vitres sont ...

VERTICALEMENT

1. A quatre heures, je mange un petit pain au ...
2. Faire rentrer de l'air dans un endroit, une pièce par exemple
3. Petit ruisseau – Participe passé du verbe réunir
4. Ses feuilles sont piquantes
5. Pronom personnel de la deuxième personne du singulier
6. Vraiment très grande!
7. Champion – Femme d'Adam
8. Cela va de ...: c'est évident! – Forme du verbe oser (2e pers. sing. passé simple)

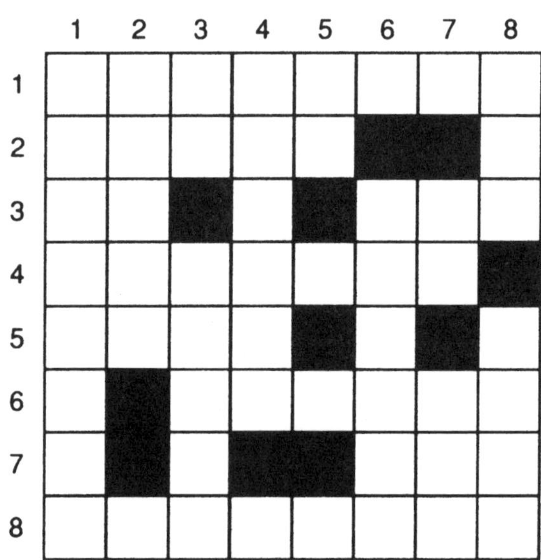

A TROUVER : POISSON

Suis le labyrinthe. Chaque mot doit commencer par la dernière lettre du mot précédent.

1. Pas tard.
2. Tu n'as pas raison : tu as donc …
3. Exagéré.
4. Odeur agréable.
5. Une maison a un toit et quatre … (s).
6. Une voiture en possède quatre.
7. Quatre + trois = …
8. Il recouvre ta maison.
9. Sport à pratiquer avec des raquettes.
10. Ancêtre de l'homme.

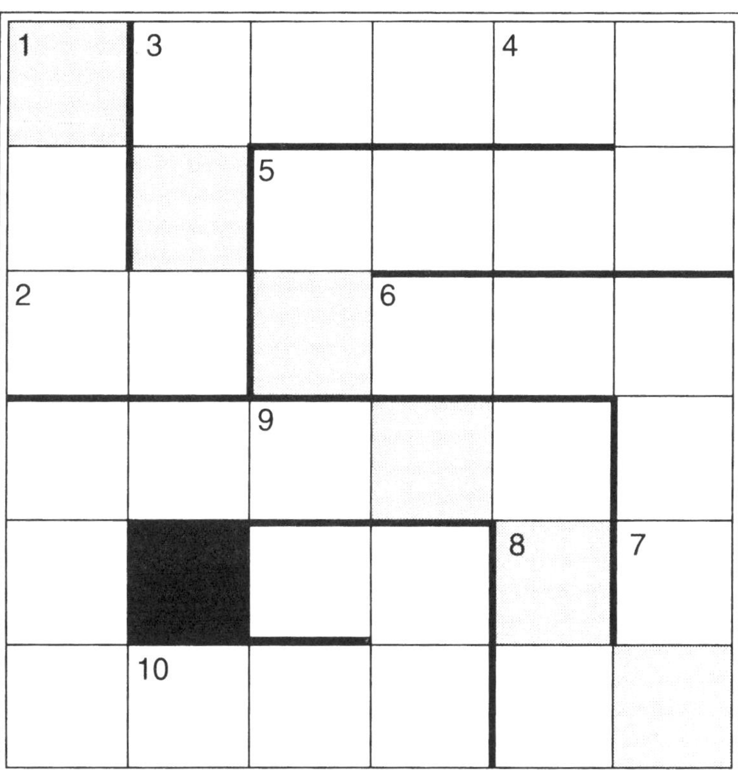

Quel mot lis-tu dans les cases grises?

....

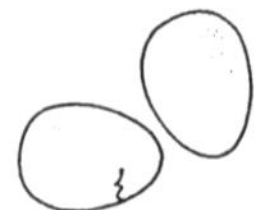

JE FAIS UN GATEAU

c	r	è	m	e	b	l	a	i	t	h	g	b
q	f	a	r	i	n	e	l	k	s	v	c	e
c	r	f	v	b	h	v	n	i	u	j	h	u
u	z	s	x	w	q	u	h	g	c	d	e	r
i	t	f	e	g	a	r	n	i	r	k	j	r
r	h	g	f	d	s	e	h	j	e	p	d	e
e	f	r	u	i	t	s	p	l	k	j	h	g
t	g	b	v	f	r	e	d	o	e	u	f	s

? Pour faire un gâteau, tu as besoin de plusieurs choses. Peux-tu les retrouver dans la grille ci-dessus?

beurre crème cuire

farine fruits garnir

lait levure oeufs sucre

LES MALADIES

1. Couvre la peau de points rouges
2. Maladie de l'oreille
3. Laisse des traces dans la peau
4. Peut être de cerveau
5. Peut être espagnole
6. Maladie de l'oreille

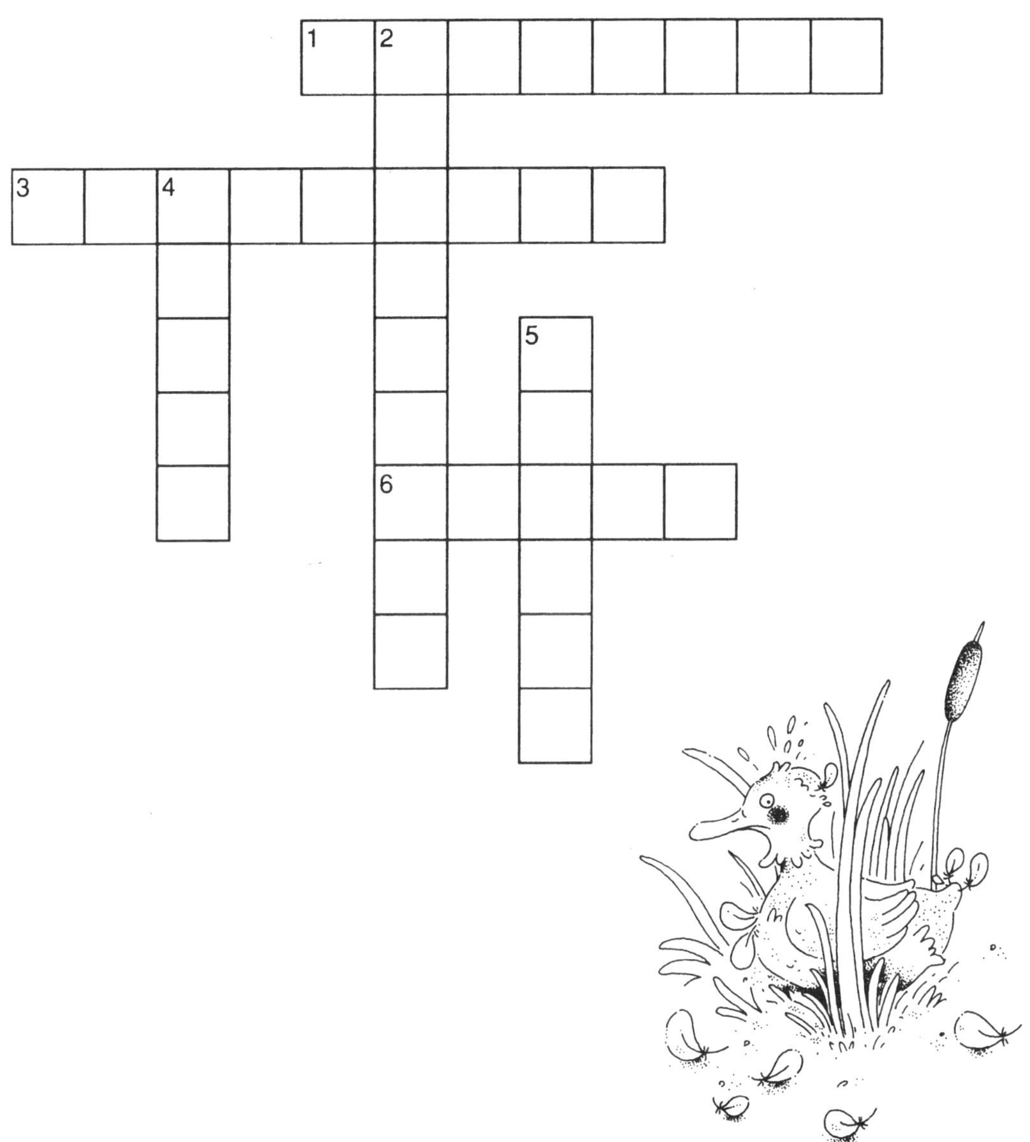

DU PLUS PETIT AU PLUS GRAND

Effectue chaque calcul et inscris le résultat à côté de la lettre correspondante. Range ces résultats dans l'ordre croissant, c'est-à-dire du plus petit au plus grand et inscris-les dans le premier cadre (bas de page). Recopie ensuite les lettres corrrespondant à ces chiffres dans le même ordre et dans le deuxième cadre.
Quel mot découvres-tu ?

(8 x 90) + 10 = ☐ E

(5 + 15) x 10 = ☐ O

(100 x 2) + 23 = ☐ U

(7 x 7) + 300 = ☐ I

(200: 2) + 1 = ☐ E

(200 : 4) + 3 = ☐ R

(3 + 12) x 10 = ☐ R

(220 : 2) + 1 = ☐ T

(330 x 2) - 10 = ☐ L

(100 - 9) x 5 = ☐ L

(40 - 8) x 8 = ☐ V

(400 : 2) + 101 = ☐ A

Mots masqués

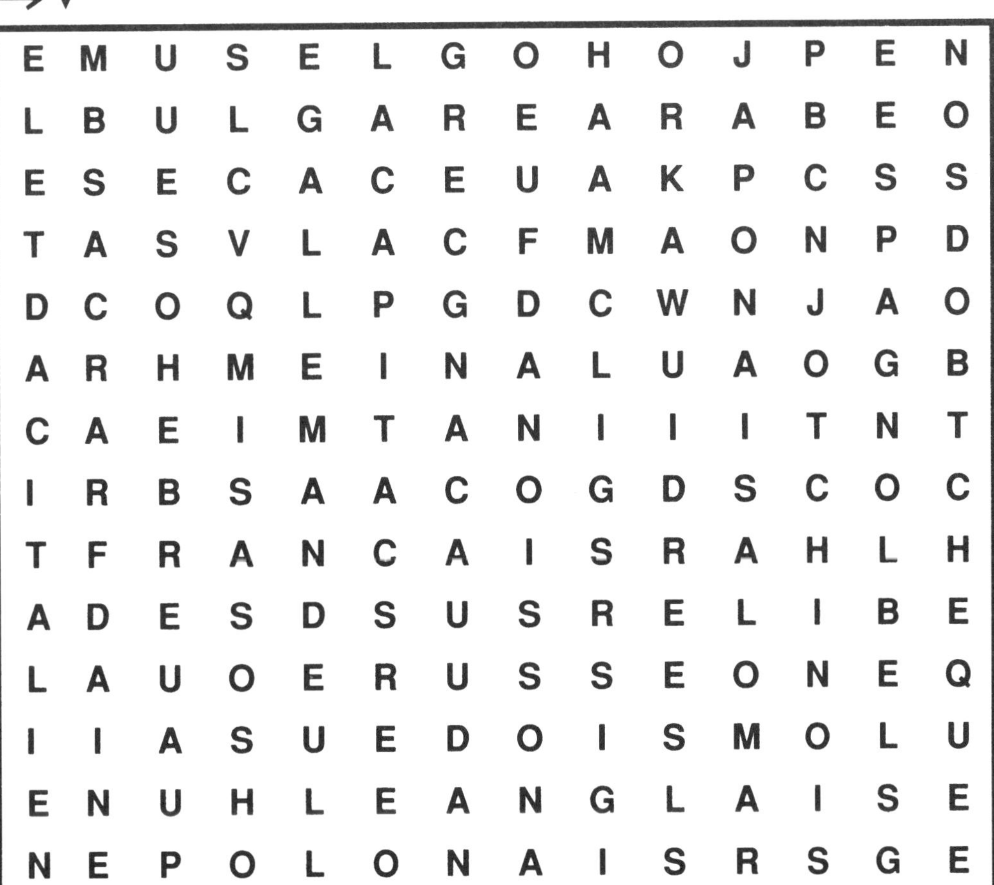

Cherche les 16 langues

ALLEMAND
ANGLAIS
ARABE
BULGARE
CHINOIS
DANOIS
ESPAGNOL
FRANCAIS
GREC
HEBREU
ITALIEN
JAPONAIS
POLONAIS
RUSSE
SUEDOIS
TCHEQUE

LA MONTAGNE

Quel mot trouves-tu dans le cadre vertical?

1. Les alpinistes sont attachés à une ...
2. C'est le point culminant d'une montagne
3. Montagne pointue
4. Sport de montagne en été
5. Je descends dans la ...
6. Rivière de montagne

LES POUTRES EMPILEES

Eric doit empiler toutes ces poutres en plaçant la plus longue en dessous et la plus courte au-dessus.
Inscris dans les cases les numéros de chaque poutre dans l'ordre croissant (de la plus courte à la plus longue).

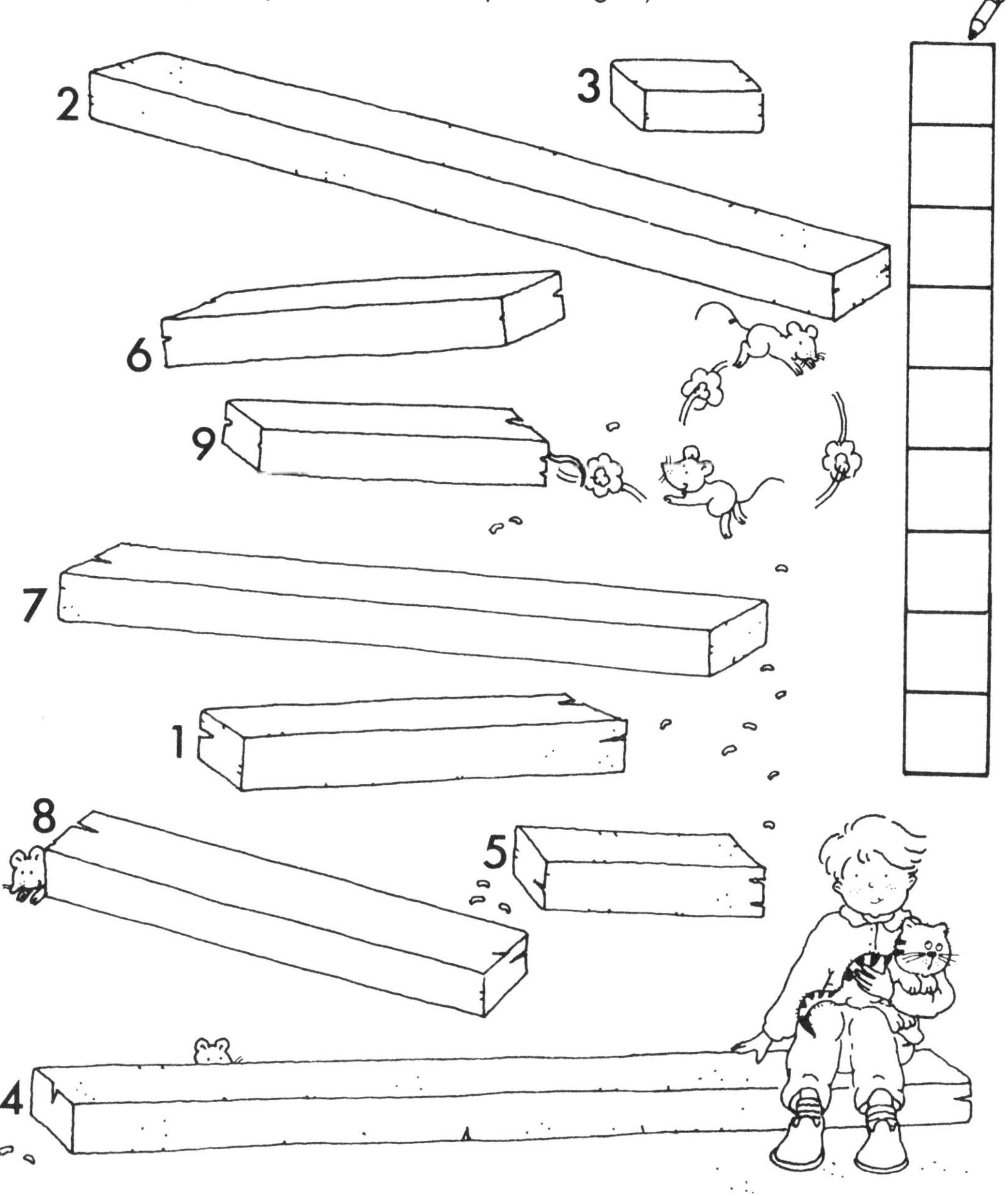

 **Mots fléchés** 

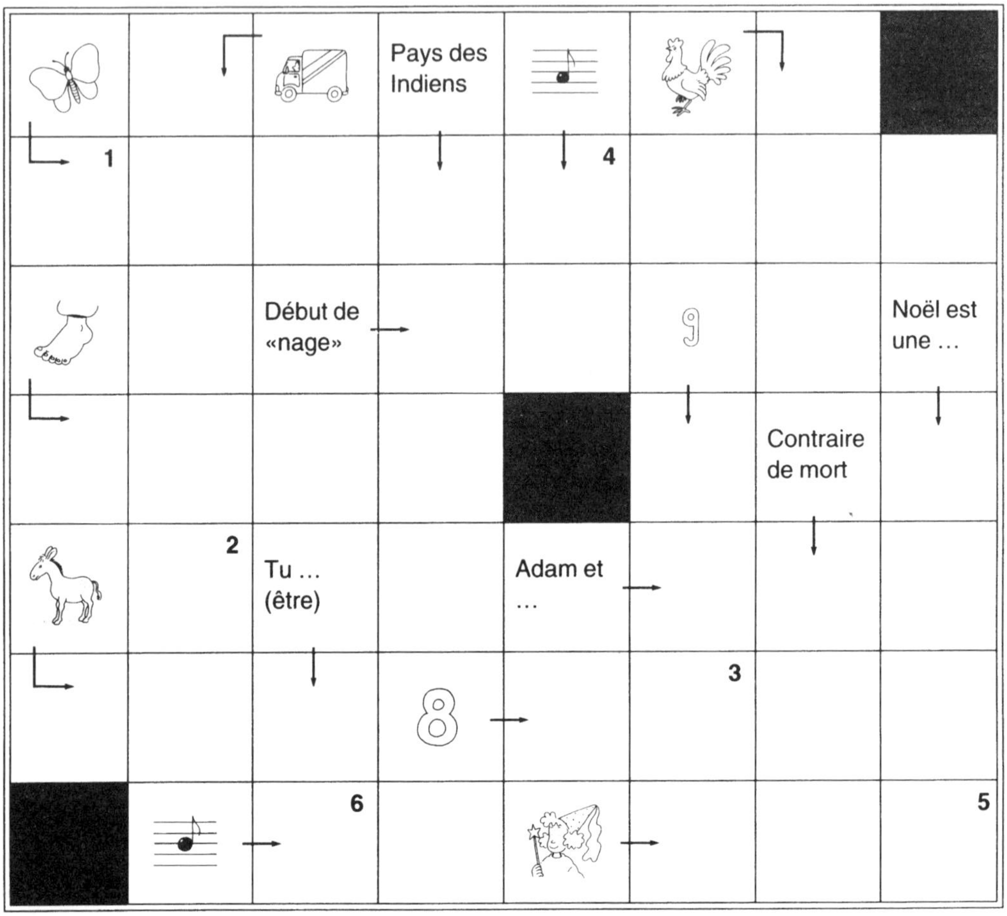

			Pays des Indiens ↓				
1				4			
		Début de «nage» →			9 ↓		Noël est une … ↓
						Contraire de mort ↓	
	2	Tu … (être) ↓		Adam et … →			
			8 →		3		
	→	6		→			5

Recherche les cases portant un chiffre. Inscris, dans le train, les lettres correspondantes pour former un mot.

Quels animaux se cachent dans le train?

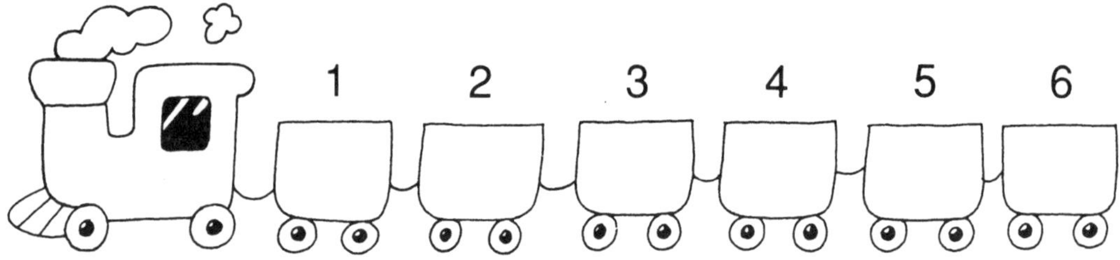

LES SOURIS

Complète les séries.

GRILLE CLASSIQUE

HORIZONTALEMENT

1. Ensemble des meubles d'une maison
2. Pronom personnel féminin – Pronom personnel
3. Vapeur d'eau sur les vitres – Adjectif possessif pluriel
4. Note de musique
5. Une carte à jouer – Se dit pour remercier
6. Petit cube numéroté – Il chante chaque matin
7. Place quelqu'un tout seul dans un endroit – Voyelle double
8. Participe passé du verbe avoir – On en met dans un stylo

VERTICALEMENT

1. Copine
2. Des ... de poule – Participe passé du verbe savoir
3. Il pousse dans les champs – Note de musique
4. C'est une ... déserte – Synonyme de mélange
5. Masculin de *la* – Masculin de *la* – Préposition
6. Prénom masculin
7. Saison chaude – La ... de récréation
8. Qui vient de la campagne

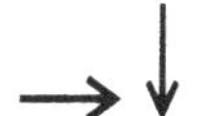

LES METIERS

V	E	T	E	R	I	N	A	I	R	E	Z	U	B
M	A	Ç	O	N	N	E	R	I	E	S	T	A	O
L	E	D	E	N	T	I	S	T	E	U	B	O	U
M	I	I	M	A	M	A	S	S	I	S	O	I	L
P	I	C	O	M	E	D	I	E	N	R	U	T	A
P	R	O	F	E	S	S	E	U	R	S	C	U	N
I	J	I	K	O	H	A	M	C	H	A	H	C	G
L	O	F	C	O	M	P	T	A	B	L	E	H	E
O	U	F	T	I	U	R	E	S	M	U	R	A	R
T	M	E	D	E	C	I	N	S	I	O	U	N	E
E	Y	U	S	K	O	L	M	E	N	U	T	T	S
P	U	R	A	V	O	C	A	T	E	H	A	E	L
J	A	R	D	I	N	I	E	R	U	M	A	U	A
E	C	U	I	S	I	N	I	E	R	E	J	R	T

Cherche les 16 métiers

AVOCAT
BOUCHER
BOULANGER
CHANTEUR
COIFFEUR
COMEDIEN
COMPTABLE
CUISINIER
DENTISTE
JARDINIER
MAÇON
MEDECIN
MINEUR
PILOTE
PROFESSEUR
VETERINAIRE

DANS L'ESPACE

1. Grande lunette
2. Engin spatial
3. Le soleil en est un
4. Engin pour aller dans l'espace
5. Brille dans le ciel

A TROUVER : AU MILIEU DE LA JAMBE

Suis le labyrinthe. Chaque mot doit commencer par la dernière lettre du mot précédent.

1. Main fermée.
2. Les voyageurs s'y rendent pour prendre le train.
3. ... - tu sage?
4. Synonyme de deuxième.
5. Commencement.
6. Hier soir à 11 h? Il était trop ... !
7. A l'intérieur de.
8. Contraire de mouillé.
9. On y conserve le vin.

1				2	
8			4	3	
	■	7			5
9					
			6		

Quel mot lis-tu dans les cases grises?

....

A VOTRE SANTE!

z	o	r	a	n	g	e	a	d	e	h	l	m
e	a	u	o	l	k	j	h	n	b	v	i	n
h	g	c	a	c	a	o	g	t	y	h	m	k
b	a	s	c	h	o	k	j	u	s	h	o	b
i	g	x	c	a	f	é	j	f	l	d	n	y
è	p	l	k	j	h	y	r	z	a	b	a	l
r	f	t	h	é	k	y	v	a	k	c	d	m
e	b	t	g	r	e	n	a	d	i	n	e	l

? Le bar est rempli de dix boissons délicieuses. Peux-tu les retrouver dans la grille ci-dessus?

bière cacao café eau

grenadine jus limonade

orangeade thé vin

Mots croisés

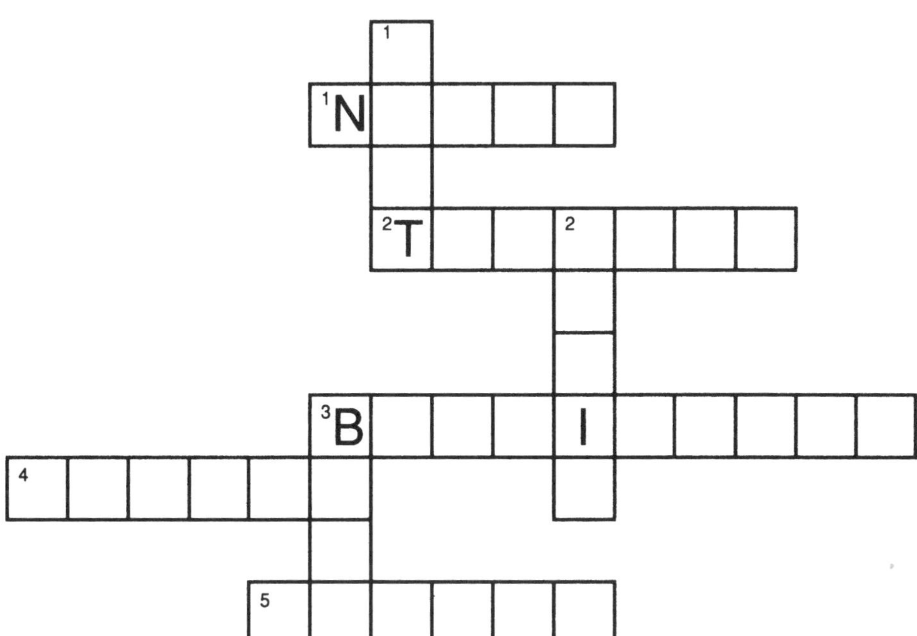

HORIZONTALEMENT
1- Elle recouvre le sol d'un tapis blanc.
2- Le vent souffle fort, il y a une ....
3- Je ne vois rien dans le .....
4- Il brille dans le ciel.
5- Ils provoquent la pluie.

VERTICALEMENT
1- Il souffle.
2- Gouttes d'eau tombant du ciel.
3- Quand il fait beau, le ciel est ......

MOTS FLECHES

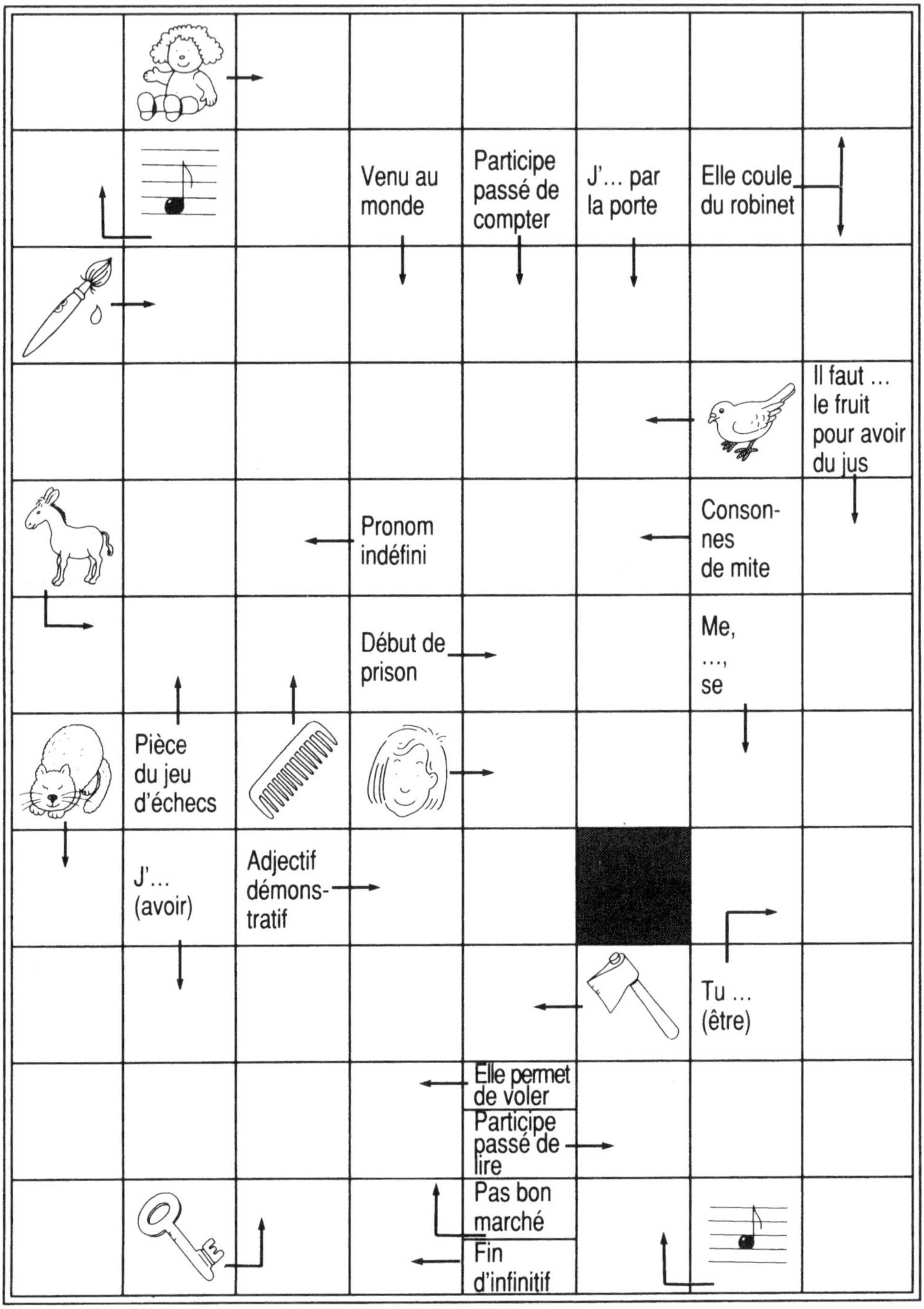

	→						
			Venu au monde ↓	Participe passé de compter ↓	J'… par la porte ↓	Elle coule du robinet	
→							
						←	Il faut … le fruit pour avoir du jus ↓
			Pronom indéfini ←			Consonnes de mite ←	
			Début de prison →			Me, …, se ↓	
↓	Pièce du jeu d'échecs ↑	↑	→				
	J'… (avoir) ↓	Adjectif démonstratif →			■		
					←	Tu … (être)	
				Elle permet de voler ← Participe passé de lire →			
				Pas bon marché Fin d'infinitif ←			

SUR LA BALANÇOIRE

Combien d'oursons faudra-t-il sur la troisième balançoire pour qu'elle soit en équilibre. Dessine-les !
On sait qu'une poupée pèse 2 kilos.

PQRST

1. Manteau
2. Après le troisième
3. Il faut le faire pour bien répondre
4. Engin de l'espace
5. Appareil de communication

1 P	2 Q	3 R	4 S	5 T
D		L		E
	R		L	

CARRE

HORIZONTALEMENT
1. Je me couche le ...
3. Ami de Blanche-Neige

VERTICALEMENT
1. Le ... de Noël
2. La voiture tombe dans le ...

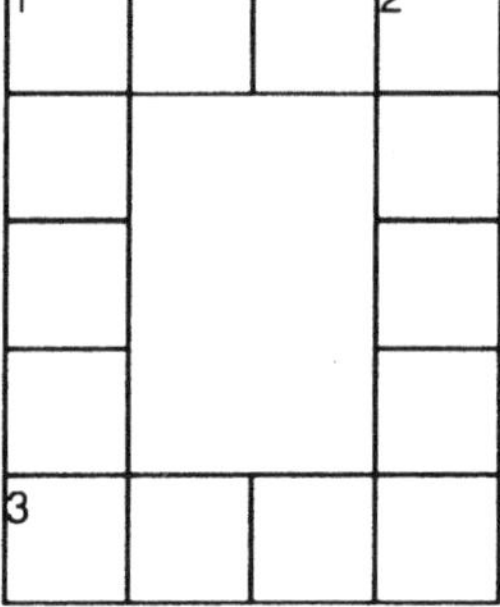

CALCULS CROISES

Complète ces grilles en y inscrivant les opérations et chiffres manquants.

33		26	=	59
+	■		■	+
	-		=	41
=	■	=	■	=
	+	15	=	

	+	36	=	
+	■		■	+
27	-		=	
=	■	=	■	=
	+	17	=	73

		6	=	37
+	■	x	■	+
	x	7	=	
=	■	=	■	=
37	+		=	

	+	4	=	
+	■	+	■	+
41	+		=	
=	■	=	■	=
56			=	72

 Mots fléchés 

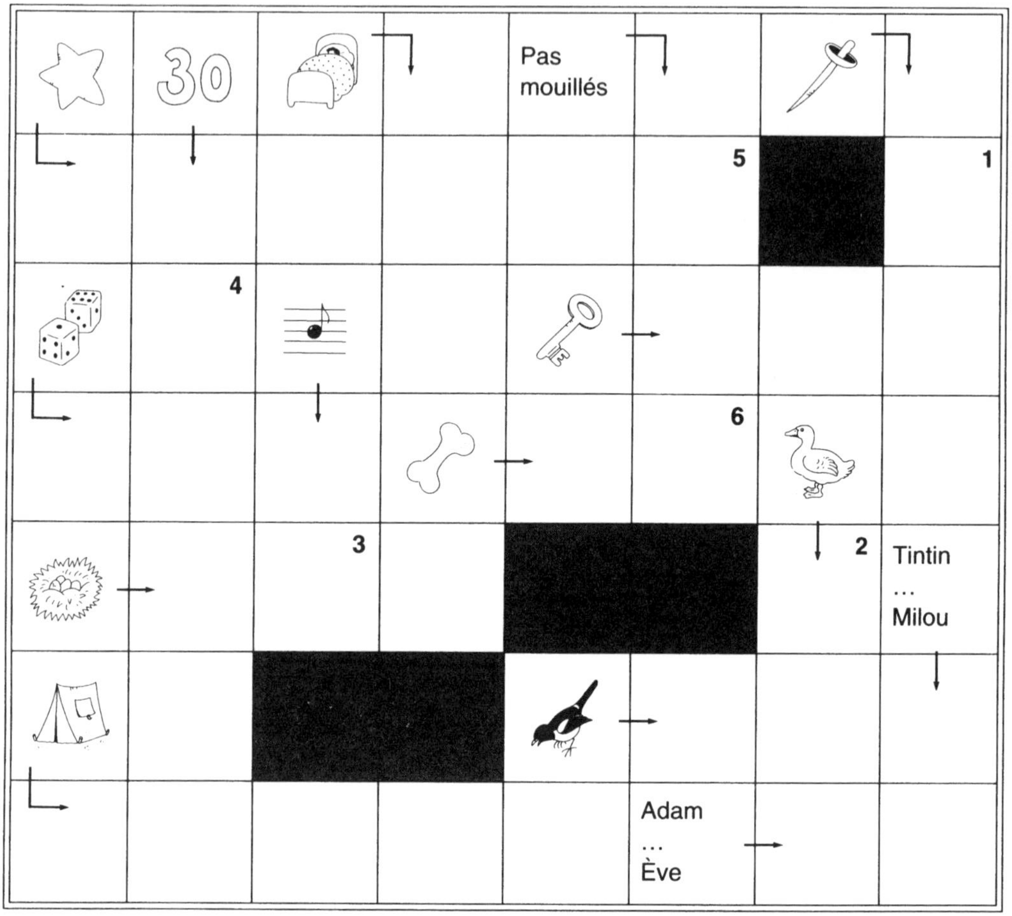

	30			Pas mouillés			
					5		1
	4						
					6		
		3				2	Tintin … Milou
					Adam … Ève		

Recherche les cases portant un chiffre. Inscris, dans le train, les lettres correspondantes pour former un mot.

Que transporte le train?

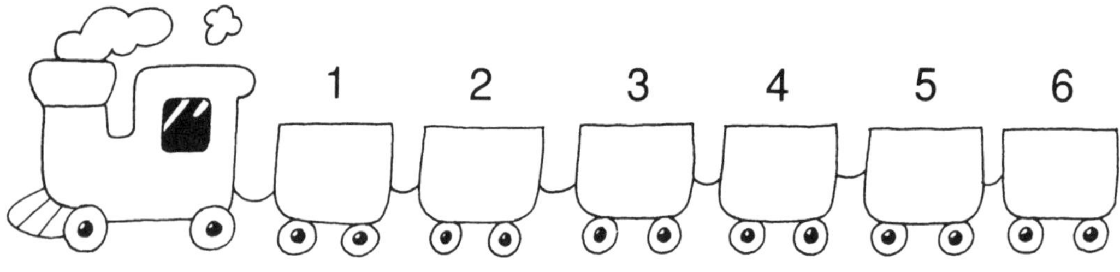

HEROS DE BANDE DESSINEE

HORIZONTALEMENT
2. Groom célèbre
3. Il s'appelle Achille

VERTICALEMENT
1. Célèbre reporter
2. Homme volant
4. Il s'appelle Lucky

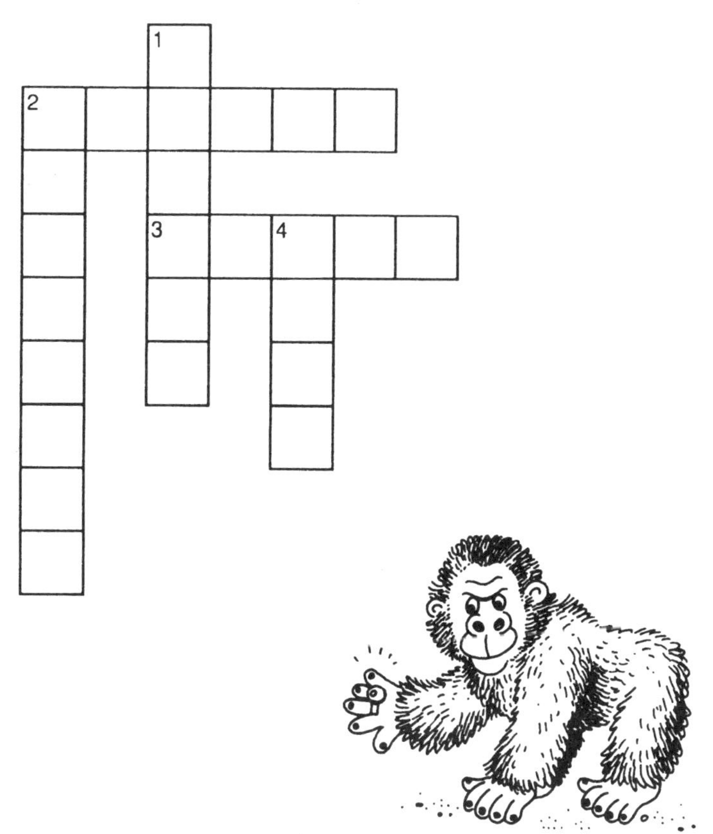

POU

1. Maman a mis mon petit frère dans la ...
2. La poule couve ses ...
3. Bébé suce son ...
4. Le petit ... est un joli conte

1P	O	U						
2P	O	U						
3P	O	U						
4P	O	U						

Mots fléchés

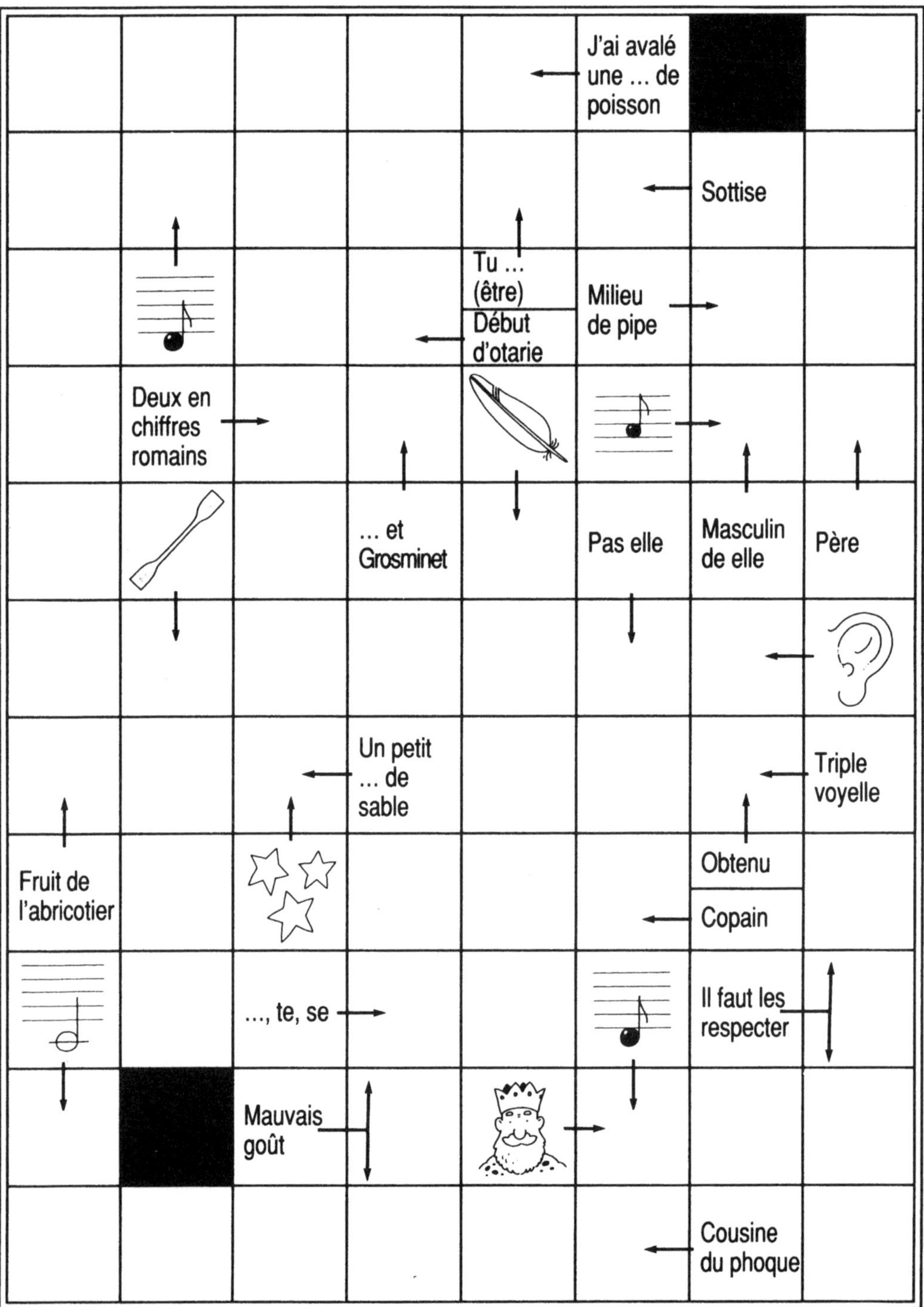

Rébus

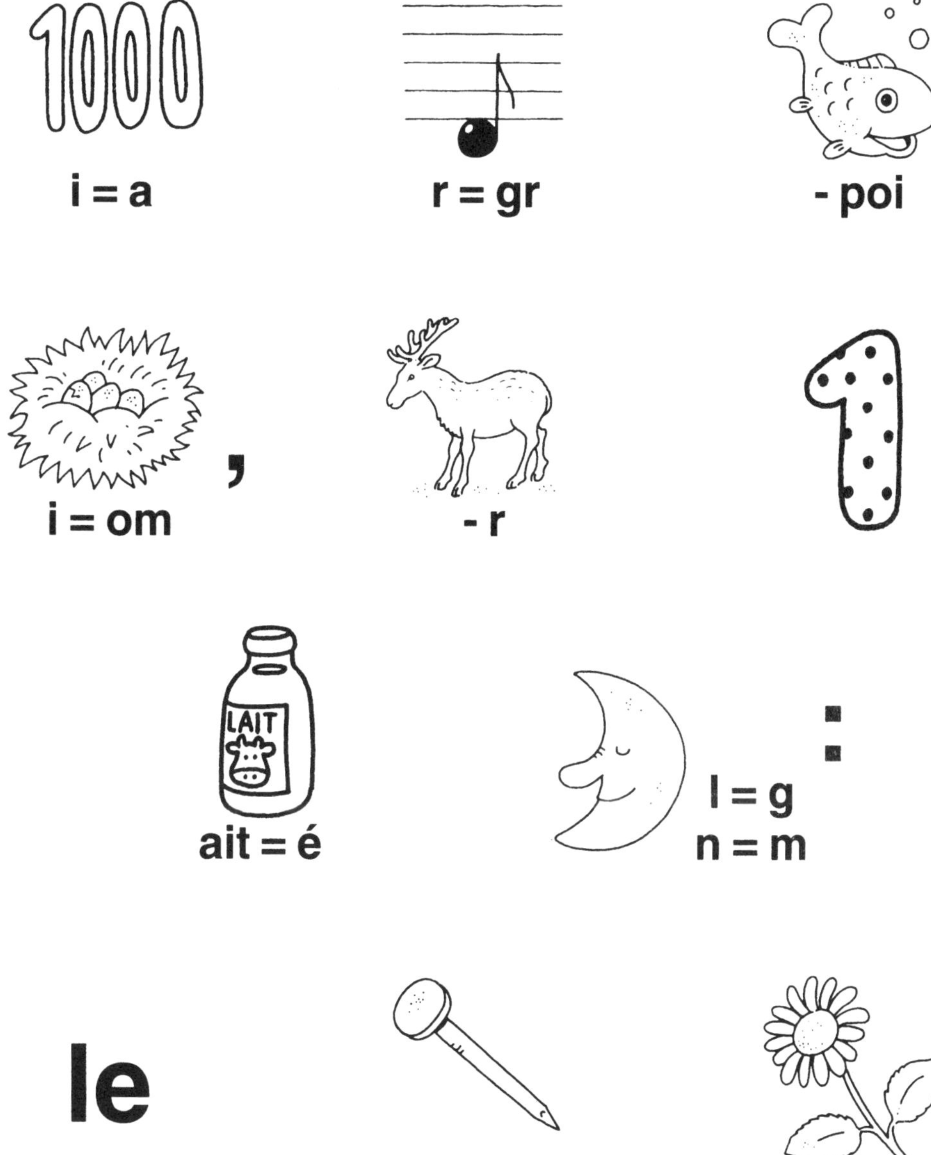

Solution: Malgré son nom, c'est un légume: le chou-fleur.

GRILLE CLASSIQUE

HORIZONTALEMENT
1. Habitant de l'Ecosse
2. A les cheveux roux
3. Petites rues très étroites
4. Contraire de non
5. Tarzan se déplace en sautant de ... en ...
6. Début du mot *navire*
7. Petits cubes numérotés que l'on lance pour jouer – Joyeux
8. Je porte un sac sur mon ... - Homme dont la femme est morte

VERTICALEMENT
1. Un des cinq continents
2. Voyelle redoublée – Première note de musique
3. Elles me servent à entendre
4. Cinquième note de la gamme
5. C'est le mari de la sultane
6. Fin du mot *écrase* – Il ... dans la piscine
7. Sortie de secours – Partie du mot *eau*
8. Pronom personnel réfléchi – Je veux boire de l'eau car j'ai très ...

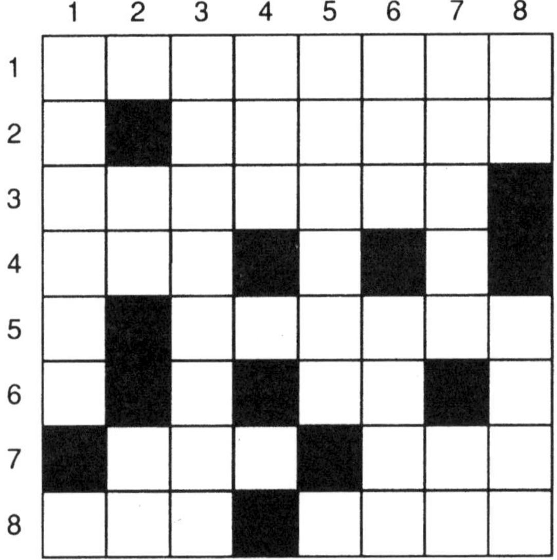

LE CARRE MAGIQUE

Inscris les chiffres manquants. Tu sais que la somme des chiffres de haut en bas et de gauche à droite est toujours 15.

4	9	2
	5	
		6

	4	
5		
	2	6

1		2		3
4	2	5	3	
	5	3	1	
5		1	4	
	1		2	5

 Mots fléchés 

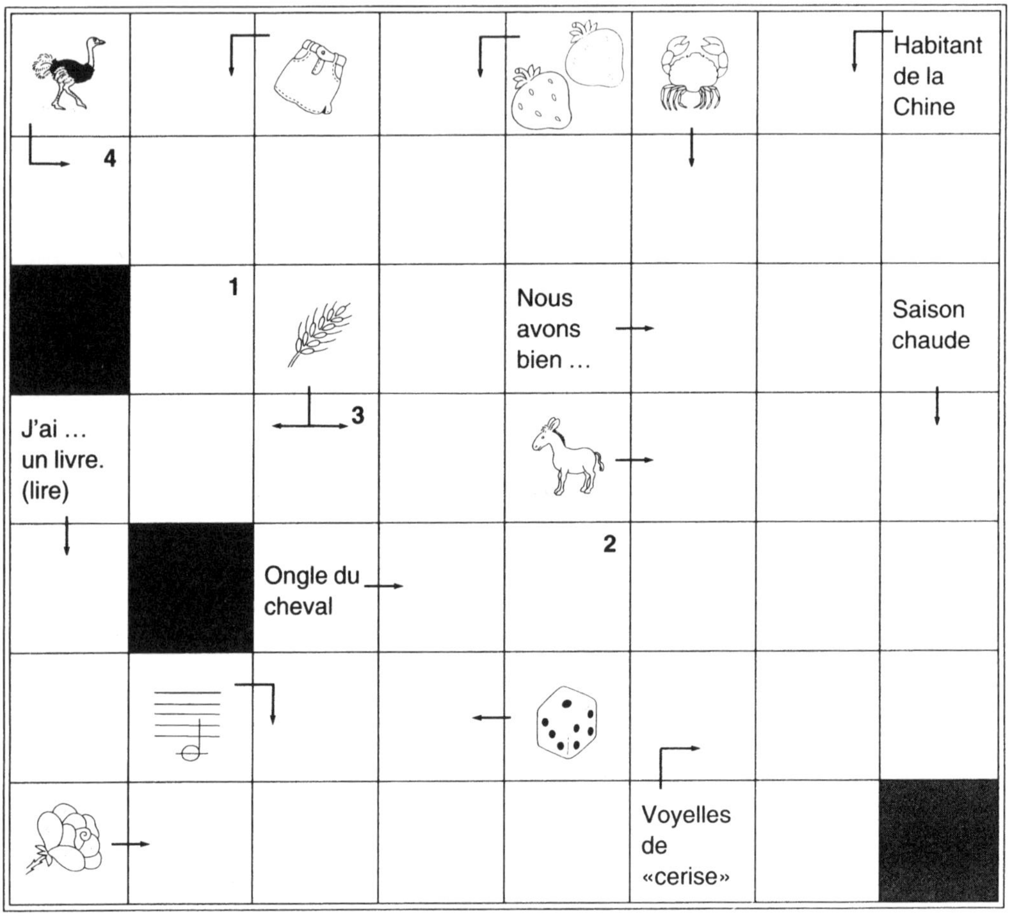

							Habitant de la Chine
4							
	1			Nous avons bien …			Saison chaude
J'ai … un livre. (lire)		3					
		Ongle du cheval		2			
					Voyelles de «cerise»		

Recherche les cases portant un chiffre. Inscris, dans le train, les lettres correspondantes pour former un mot.

Qui se trouve dans le train?

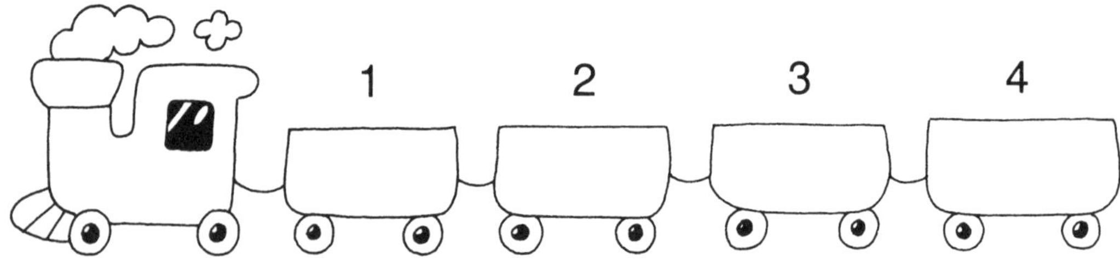

LES SYMBOLES

Dans ces opérations, chaque chiffre est remplacé par un symbole. Quelle est la valeur de chaque symbole?

Un conseil: Commence par l'opération contenue dans le petit nuage.

LES MOIS DE L'ANNEE

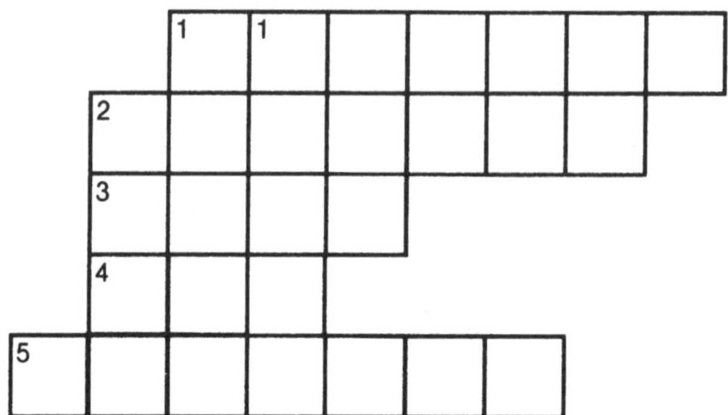

HORIZONTALEMENT
1- Premier mois de l'année.
2- Deuxième mois de l'année.
3- Troisième mois de l'année.
4- Cinquième mois de l'année.
5- Septième mois de l'année.

VERTICALEMENT
1- Quatrième mois de l'année.

Jeu de réflexion

Dessine les points (petits cercles) sur chaque champignon.

- Le plus grand champignon compte douze points.
- Le plus petit champignon compte huit points de moins que le plus grand.
- Le plus grand champignon compte autant de points que le plus petit et le second plus grand champignons réunis.
- Le champignon ayant le plus long pied compte deux fois moins de points que le plus grand champignon.
- Le champignon ayant le plus long pied a deux fois plus de points que le champignon ayant le pied le plus court.

JEU DE FLECHETTES

En utilisant trois fléchettes (ni plus, ni moins) pour chaque cible, tu dois atteindre le total de points indiqué en dessous. Tu peux utiliser plusieurs fois la même fléchette.
Dessine les fléchettes sur les cibles.

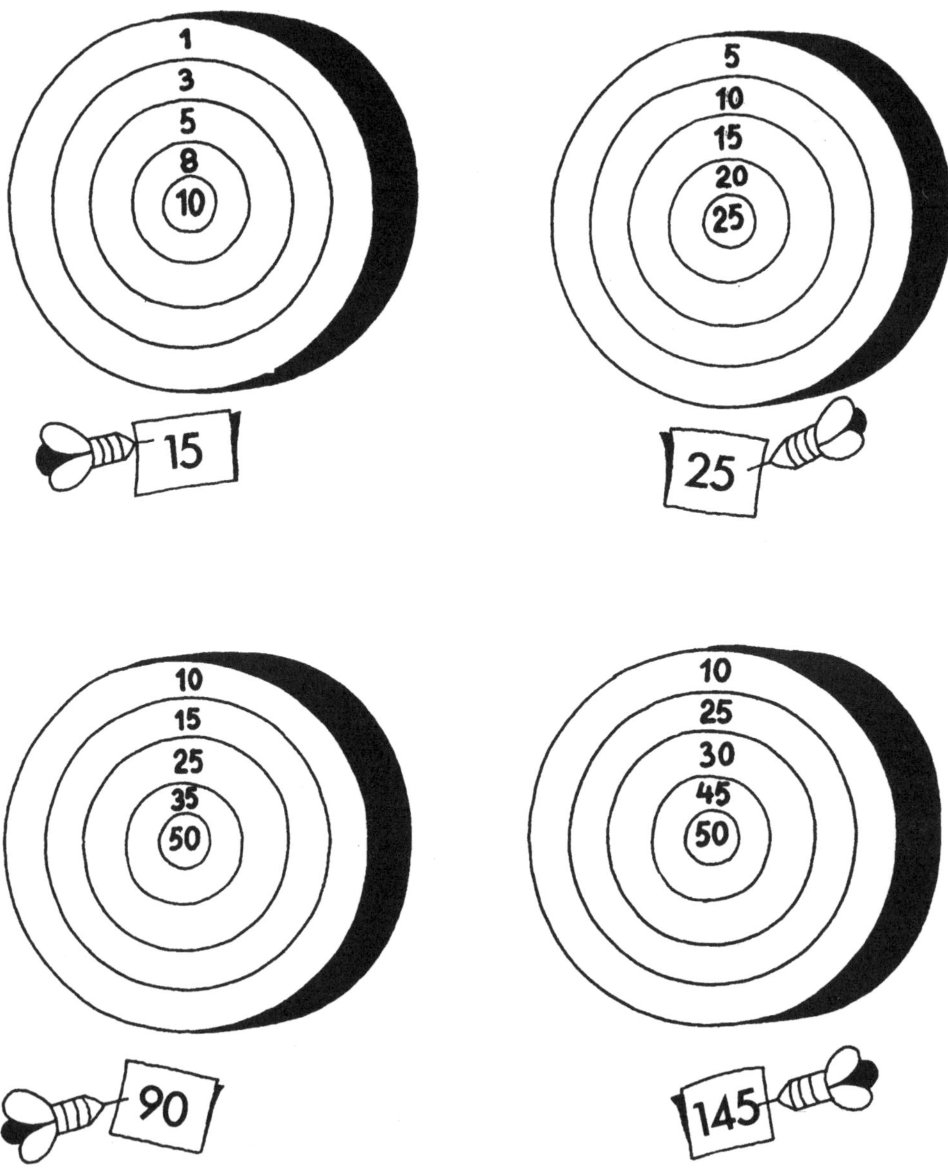

A TROUVER : PATISSERIE

Suis le labyrinthe. Chaque mot doit commencer par la dernière lettre du mot précédent.

1. Se trouve au sommet du corps.
2. Saison chaude.
3. Lumière qui précède un coup de tonnerre.
4. Ce n'est pas grand-chose!
5. Vient après le jour.
6. La … Eiffel.
7. Chaque barre de fer sur laquelle passent les roues d'un train.
8. Si ce n'est pas celle-ci, c'est donc celle-…
9. Pour acheter des bonbons, tu as besoin d'…

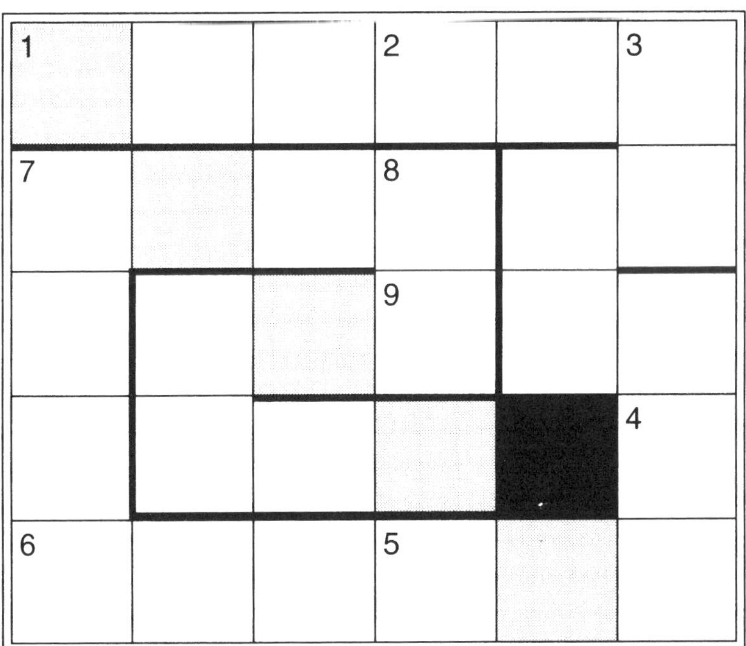

Quel mot lis-tu dans les cases grises?

…………………………………………………

LA COURSE AUTOMOBILE

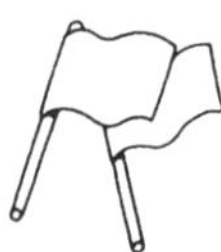

y	t	c	b	p	h	e	b	h	g	b	v	x
c	v	i	t	e	s	s	e	h	a	b	o	k
a	r	r	i	v	é	e	h	s	g	l	i	c
v	f	c	d	c	h	o	k	d	n	j	t	o
p	k	u	r	v	i	r	a	g	e	b	u	u
o	p	i	l	o	t	e	n	b	r	d	r	r
t	f	t	g	h	d	é	p	a	r	t	e	s
p	j	m	d	p	o	d	i	u	m	b	a	e

? Léopold adore les courses de voiture. Aide-le à retrouver les dix mots dans la grille ci-dessus.

arrivée circuit course départ

gagner pilote podium

virage vitesse voiture

SUITES LOGIQUES

Peux-tu compléter chaque rangée de chiffres ?

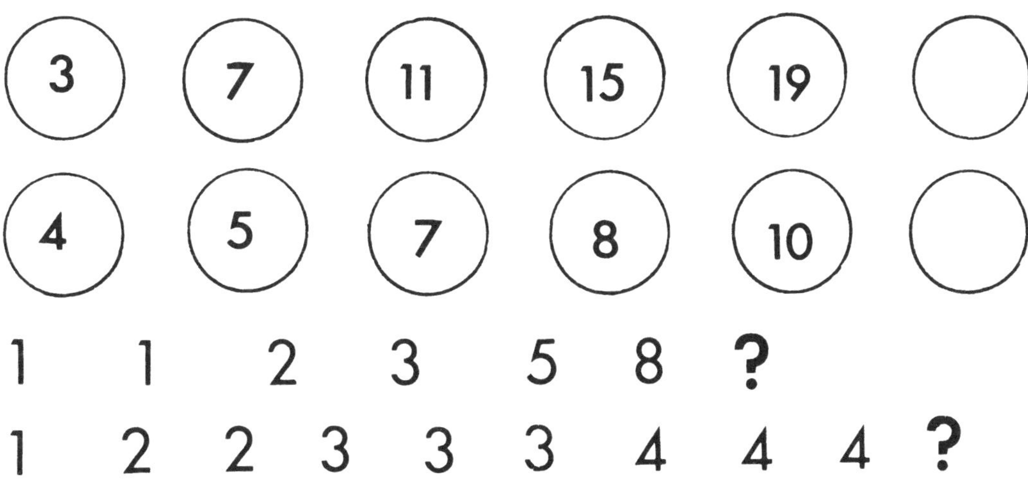

Dessine le dernier élément de chaque rangée.

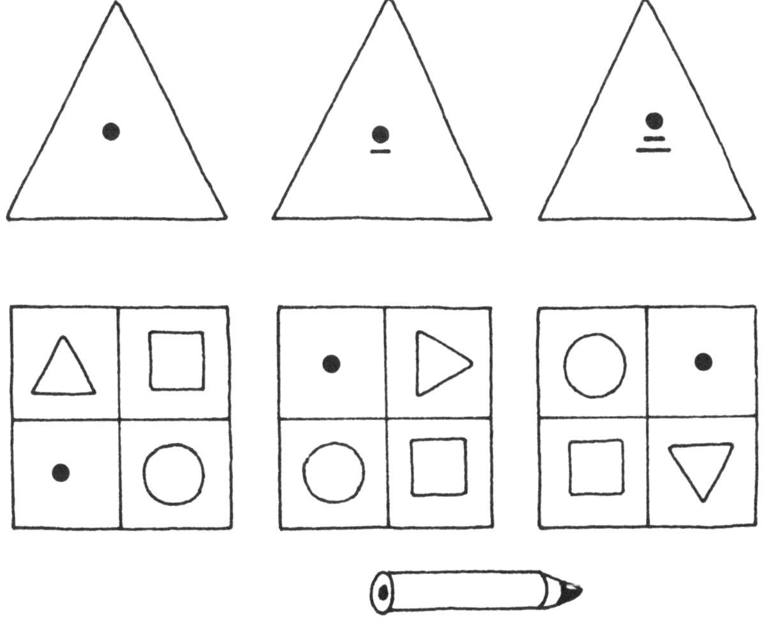

 Mots fléchés 

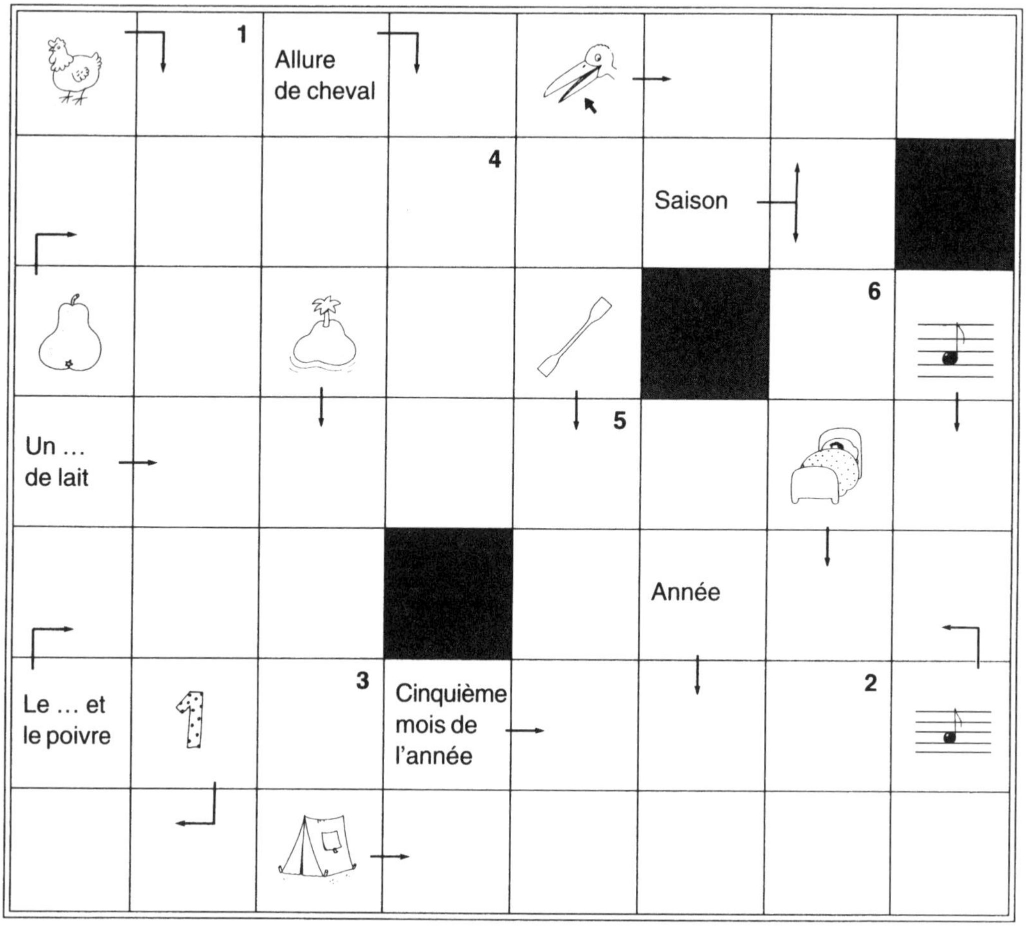

	1	Allure de cheval					
			4		Saison		■
					■	6	
Un … de lait				5			
			■		Année		
Le … et le poivre		3	Cinquième mois de l'année			2	

Recherche les cases portant un chiffre. Inscris, dans le train, les lettres correspondantes pour former un mot.

Qui se trouve dans le train?

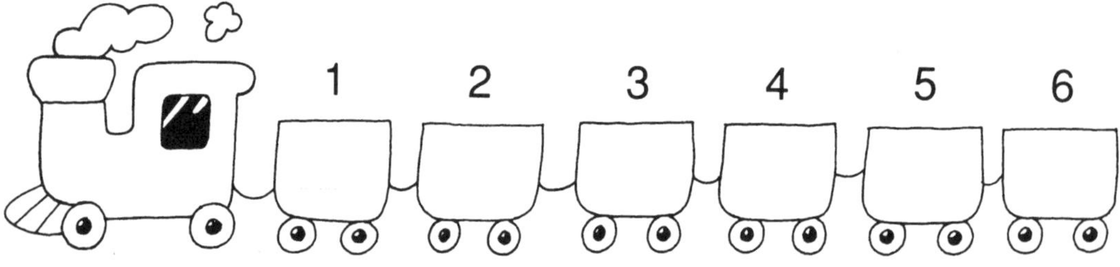

LES CHIFFRES

u	j	n	h	t	r	o	i	s	o	l	k	i
p	o	l	k	j	h	g	f	i	g	d	b	n
q	s	d	d	e	u	x	g	x	g	i	h	e
u	w	x	c	v	b	n	j	u	p	x	g	u
a	z	e	s	d	c	i	n	q	o	k	n	f
t	j	h	s	e	p	t	b	g	t	r	f	v
r	p	g	i	n	r	d	k	v	h	u	i	t
e	c	f	c	f	u	n	b	g	t	r	f	v

? Sais-tu compter jusqu'à dix? Retrouve les chiffres de un à dix dans la grille ci-dessus.

un deux trois

quatre cinq six

sept huit neuf dix

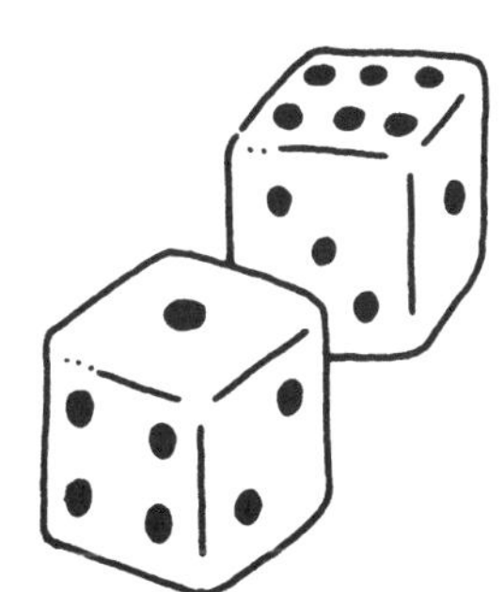

CALCULS CROISES

Complète avec les opérations et les chiffres manquants.

7	+	8	=	
		-		+
	-		=	1
=		=		=
14	+		=	

	-	6	=	2
		-		+
7	+		=	
=		=		=
	-		=	12

20	-		=	14
		-		
	-	1	=	12
=		=		=
7	-		=	

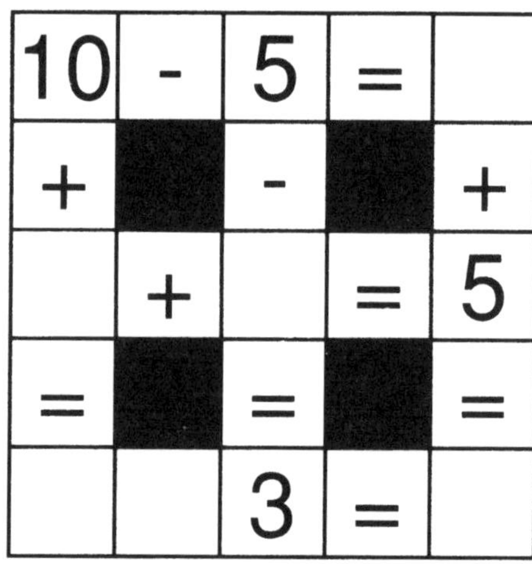

10	-	5	=	
+		-		+
	+		=	5
=		=		=
		3	=	

Mots croisés

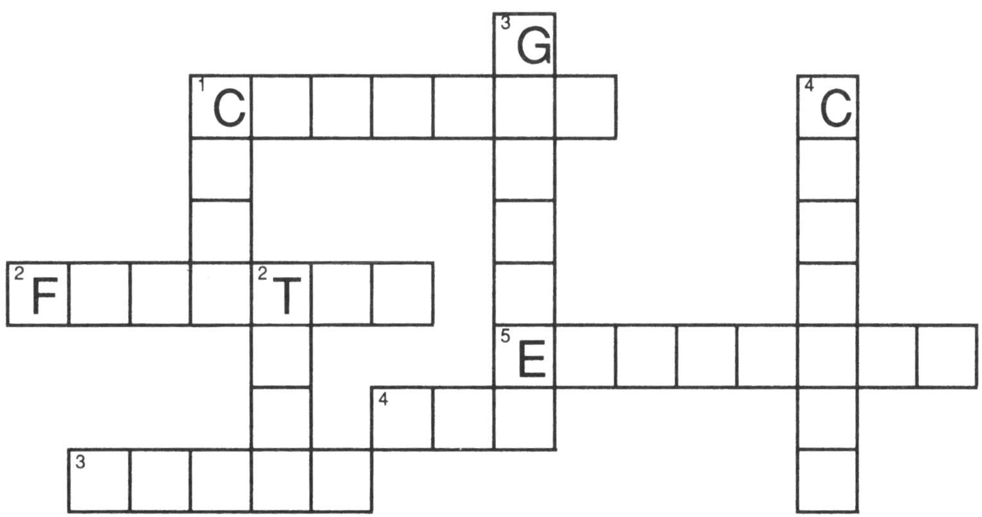

HORIZONTALEMENT
1- Une .... à coucher
2- J'ouvre la ......
3- J'entre par la ......
4- Il est fait de briques.
5- Je monte l' ......

VERTICALEMENT
1- Je descends dans la ......
2- Il couvre la maison.
3- Sous le toit
4- On y prépare les repas.

LES FRUITS

E	L	P	O	M	M	E	G	N	A	N	A	U	J
L	I	C	E	R	I	S	E	E	M	G	G	M	P
L	C	E	R	E	J	T	P	I	P	R	A	E	E
E	I	A	Y	O	N	E	O	I	R	O	B	F	C
B	T	R	C	N	O	M	I	K	U	S	R	E	H
O	R	M	A	N	D	A	R	I	N	E	I	N	E
G	O	M	N	N	O	N	E	W	E	I	C	N	P
L	N	M	A	P	C	A	V	I	T	L	O	O	R
N	O	C	N	E	S	A	C	E	L	L	T	B	A
V	F	R	A	I	S	E	E	T	E	E	T	M	D
E	V	I	S	A	N	L	P	M	O	C	I	E	O
R	F	R	A	M	B	O	I	S	E	E	B	L	U
S	T	I	O	B	A	N	A	N	E	J	L	O	A
I	R	A	I	S	I	N	L	O	R	C	E	N	E

Cherche les 16 fruits

ABRICOT
ANANAS
BANANE
CERISE
CITRON
FRAISE
FRAMBOISE
GROSEILLE

KIWI
MANDARINE
MELON
PECHE
POIRE
POMME
PRUNE
RAISIN

A TROUVER : CRUSTACE A PINCES

Suis le labyrinthe. Chaque mot doit commencer par la dernière lettre du mot précédent.

1. Véhicule à quatre roues.
2. Entre rouge et jaune.
3. Tracer des lettres avec un stylo.
4. Liquide noir servant à écrire.
5. Boisson naturelle.
6. Masculin de une.
7. Petits hommes.
8. Ongle du cheval.
9. Dès l'aube.
10. Partie d'une fleur.

1	4				5	
					3	6
	2					7
	9				8	
10						

Quel mot lis-tu dans les cases grises?

....

JE DESSINE

c	u	h	v	c	r	a	y	o	n	k	s	p
o	r	v	d	e	s	s	i	n	e	r	k	i
l	i	j	é	n	u	f	r	d	e	c	l	n
o	b	v	c	i	s	e	a	u	x	o	b	c
r	b	g	o	m	m	e	k	j	l	l	n	e
i	b	f	r	h	q	z	c	a	e	l	n	a
e	d	f	e	u	i	l	l	e	n	e	b	u
r	v	g	r	w	o	l	c	a	r	t	o	n

? Maxime est un artiste en herbe. Peux-tu l'aider à retrouver les mots dans la grille ci-dessus?

carton ciseaux colle colorier

crayon décorer dessiner

feuille gomme pinceau

LES PYRAMIDES

Certaines pierres ne portent pas de chiffre, mais sachant que chaque pierre représente la somme des deux pierres sur lesquelles elle repose, peux-tu compléter les pyramides ?

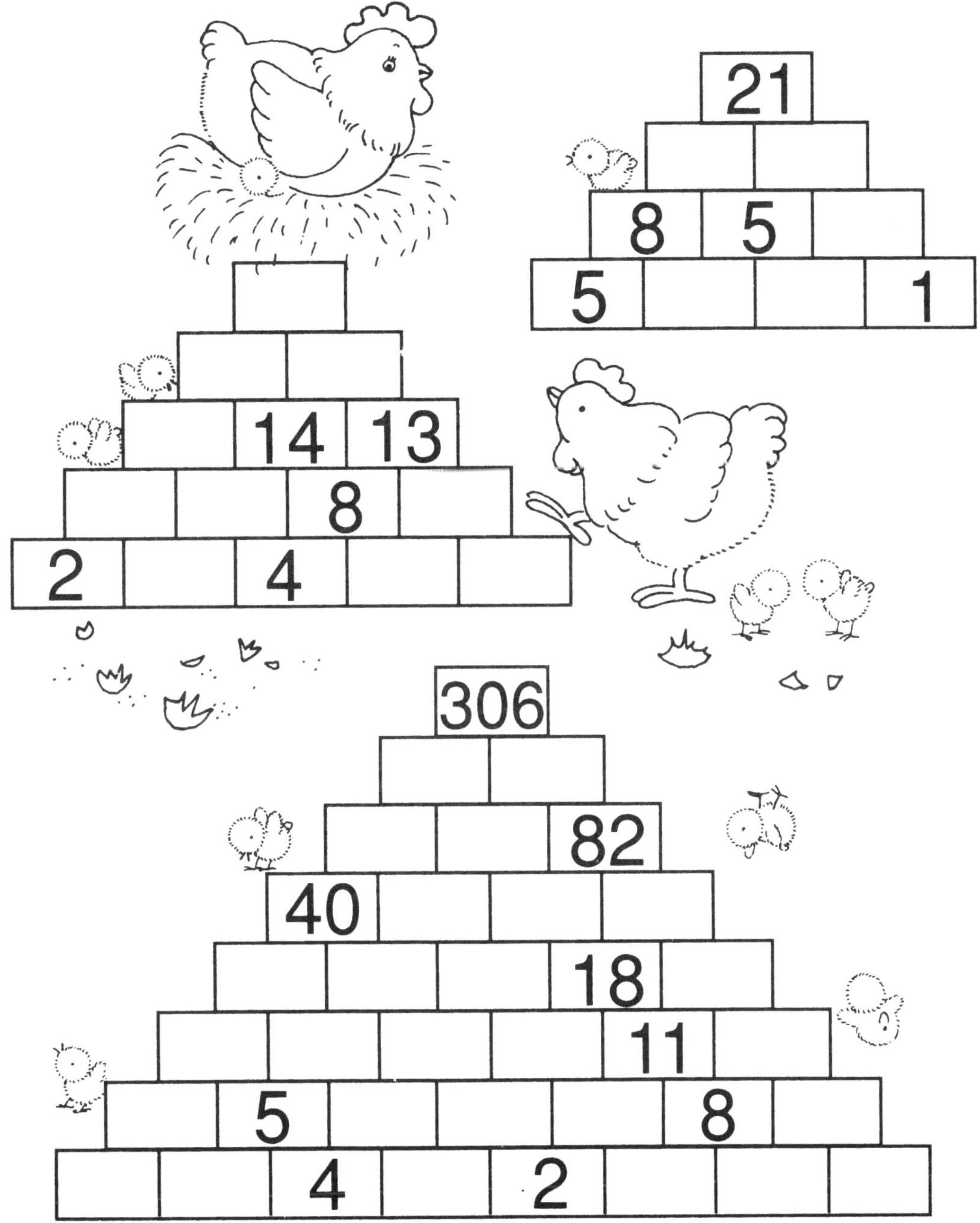

MOTS FLECHES

					Abri du chien / Relie deux mots		
	Renouvelle l'air						
	Consonne double			Fin de premier			
					Tu ... (écrire)		Assassina
	Tu ... (être)			Bon copain			
					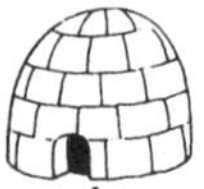		Pronom personnel
	Ou, à l'envers			Pas là-bas			
		Pique, trèfle, cœur ou ...					
		Sans vêtements				Consonnes de mule / Ce n'est ... l'un, ... l'autre	Temps très froid
							Internat
Participe passé de avoir							

Jeu de réflexion

Quel âge a chaque enfant?
Quel est son animal préféré?
Inscris dans chaque case un signe + (pour oui) ou – (pour non).

	7 ans	8 ans	9 ans	10 ans	canari	chien	tortue	chat
Sara		–		–				
Lisa		–		–				
Julien								
Pierre								

On sait que:

- Les deux filles ont 7 et 9 ans (on a déjà inscrit un signe –, pour chaque fille, dans les cases correspondant à 8 et 10 ans).
- Julien possède un animal qui miaule.
- Sara est plus âgée que Lisa.
- Le chat et le chien appartiennent tous deux à des garçons.
- Sara ne possède pas d'oiseau.
- Le garçon qui a 10 ans possède un chien.
- Julien a un an de plus que Lisa.

Rébus

fr = t
ei = ie

cham = v

- y

- ill

2

- r
ou = u

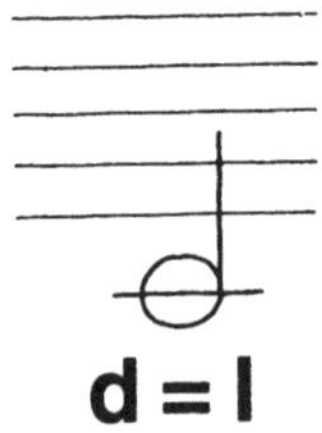

d = l

....

Solution: Un tiens vaut mieux que deux tu l'auras.

 **Mots fléchés** 

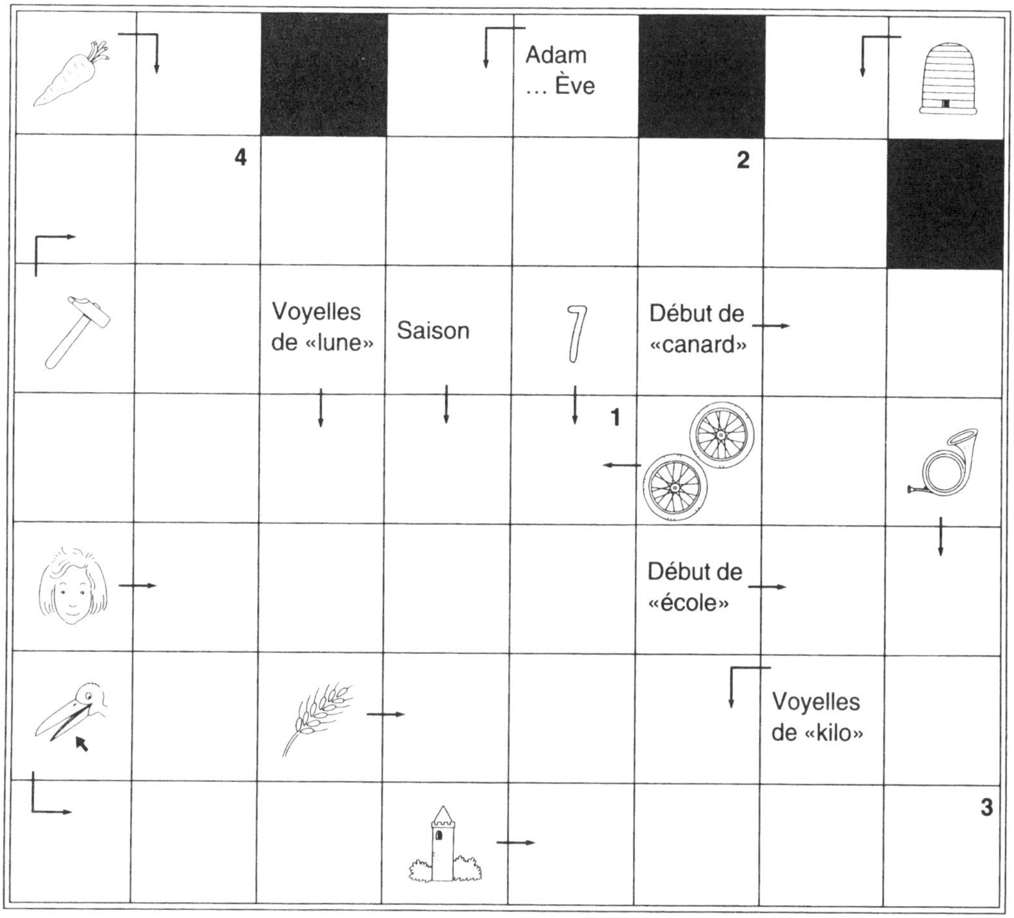

				Adam … Ève			
	4				2		
		Voyelles de «lune»	Saison		Début de «canard»		
				1			
					Début de «école»		
						Voyelles de «kilo»	
							3

Recherche les cases portant un chiffre. Inscris, dans le train, les lettres correspondantes pour former un mot.

Qui se trouve dans le train?

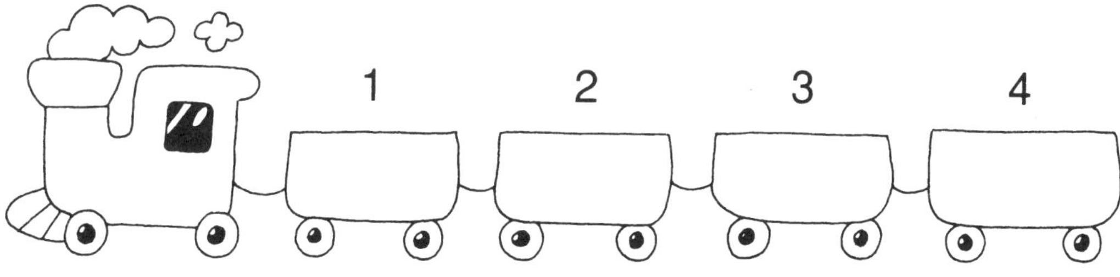

A TROUVER : INSTRUMENT DE MUSIQUE

Suis le labyrinthe. Chaque mot doit commencer par la dernière lettre du mot précédent.

1. Contraire de début.
2. Six + trois = ...
3. Tu as ... : ton estomac fait plein de bruits!
4. L'or en est un, le fer et l'argent aussi.
5. La maîtresse nous a donné 2 devoirs et une ...
6. Il est blanc et se promène dans le ciel.
7. Tu remplis ton stylo avec celle-ci pour pouvoir écrire.
8. Féminin de ils.
9. Petit rongeur qui aime le fromage.

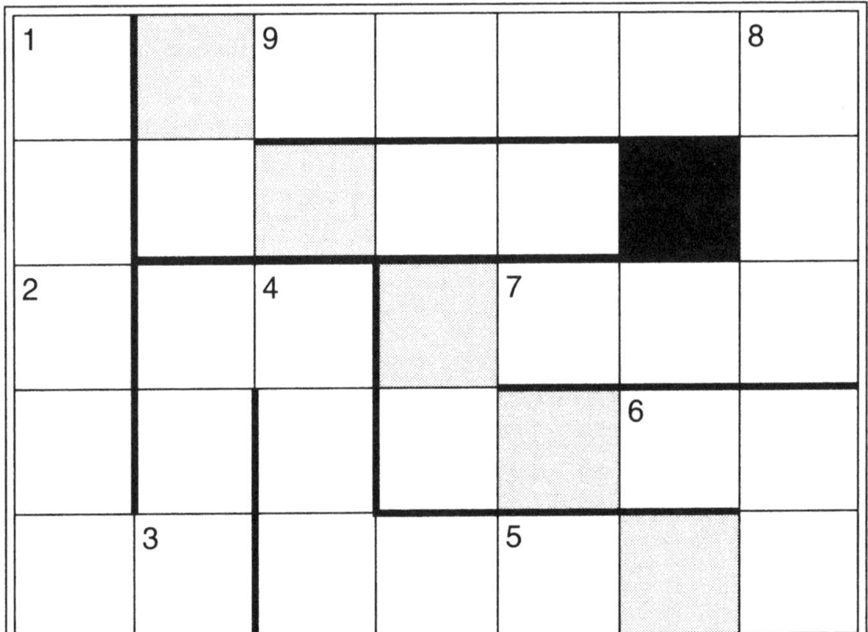

Quel mot lis-tu dans les cases grises?

....

DANS LE JARDIN

Complète les séries.

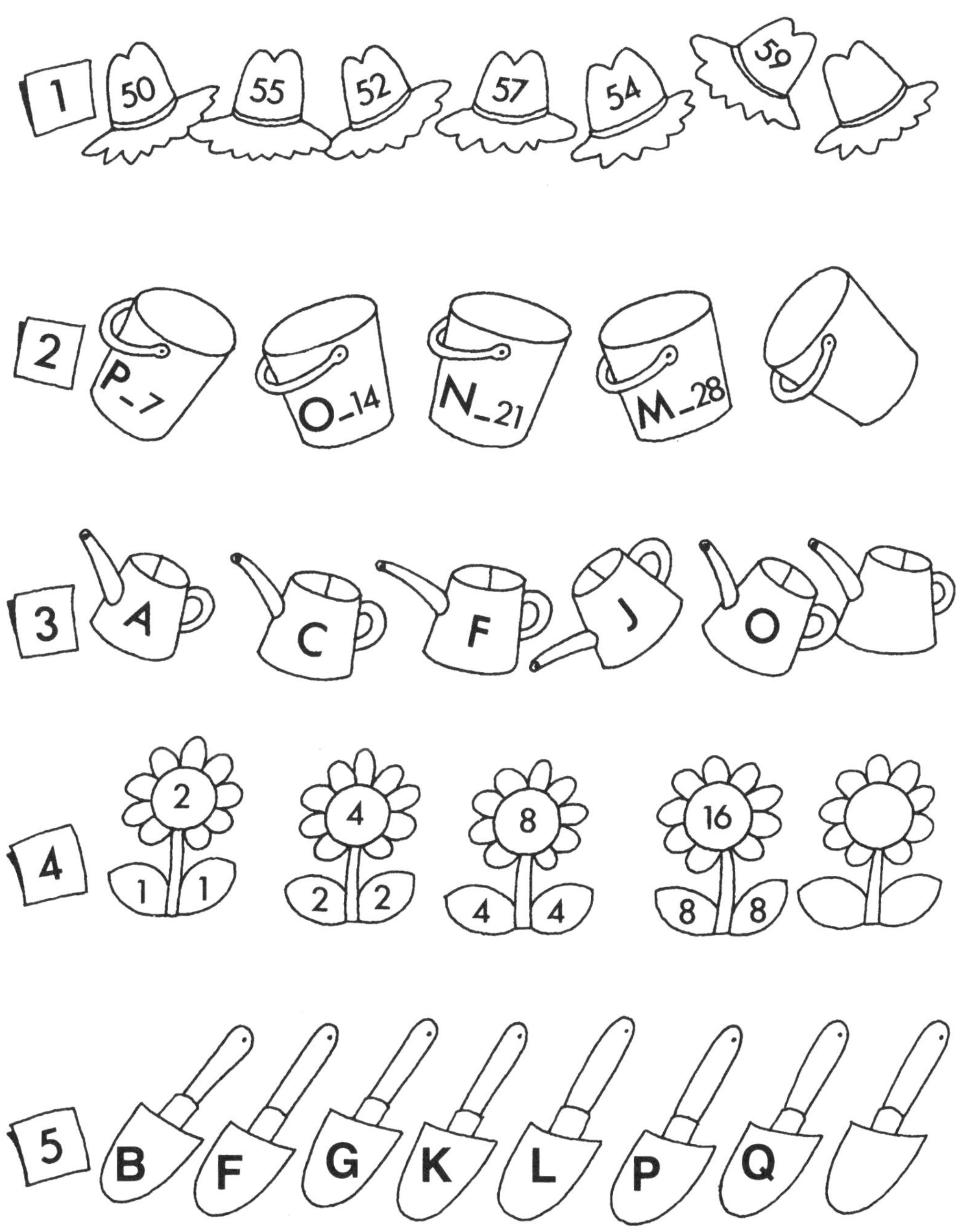

GRILLE CLASSIQUE

HORIZONTALEMENT

1. Rapace nocturne aux grands yeux
2. Forme du verbe avoir (indicatif présent) – Endroit où l'on est en sécurité
3. Impératif du verbe aller – Ville de France
4. Partie du mot *heure* – Objet Volant Non Identifié
5. Terminaison de verbe à l'infinitif – Partie du mot *queue*
6. Préparer de la nourriture sur le feu
7. Repos suivant le repas de midi
8. Masculin de *une* – Contraire de humides

VERTICALEMENT

1. Pronom démonstratif – Gros rapace nocturne aux grands yeux
2. Saison froide
3. Article contracté – 3e et 19e lettres de l'alphabet
4. Article contracté à l'envers – ... est là?
5. Aveuglées par une lumière trop forte
6. Je ... la route en faisant bien attention
7. Fin du mot *attention* – Abréviation de et cetera
8. L'oiseau loge dans un ... - Début du mot *essence*

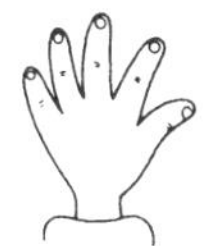

MON CORPS

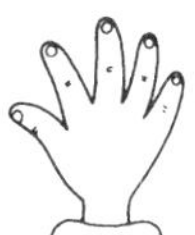

é	p	a	u	l	e	j	u	v	n	j	h	g
e	i	a	g	f	h	u	y	i	j	k	l	d
g	e	n	o	u	n	d	e	s	o	m	j	o
b	d	j	h	c	o	u	z	a	z	a	e	i
w	x	c	v	b	n	h	g	g	y	i	o	g
y	g	y	h	j	a	m	b	e	b	n	b	t
c	o	u	d	e	p	m	l	o	p	k	j	h
x	w	c	w	x	z	b	r	a	s	j	k	u

? Connais-tu les différentes parties de ton corps?
Peux-tu les retrouver dans la grille ci-dessus?

bras cou coude doigt

épaule genou jambe

main pied visage

LE SERPENT GOURMAND

Ce serpent a tellement faim qu'il mange même les chiffres. Il s'apprête à avaler le chiffre 3. Inscris le résultat de ces opérations successives dans la queue du serpent.

OU HABITENT-ILS ?

Effectue les calculs inscrits sous chaque personnage et trace le chemin menant à la maison portant le numéro correspondant.

 Mots fléchés 

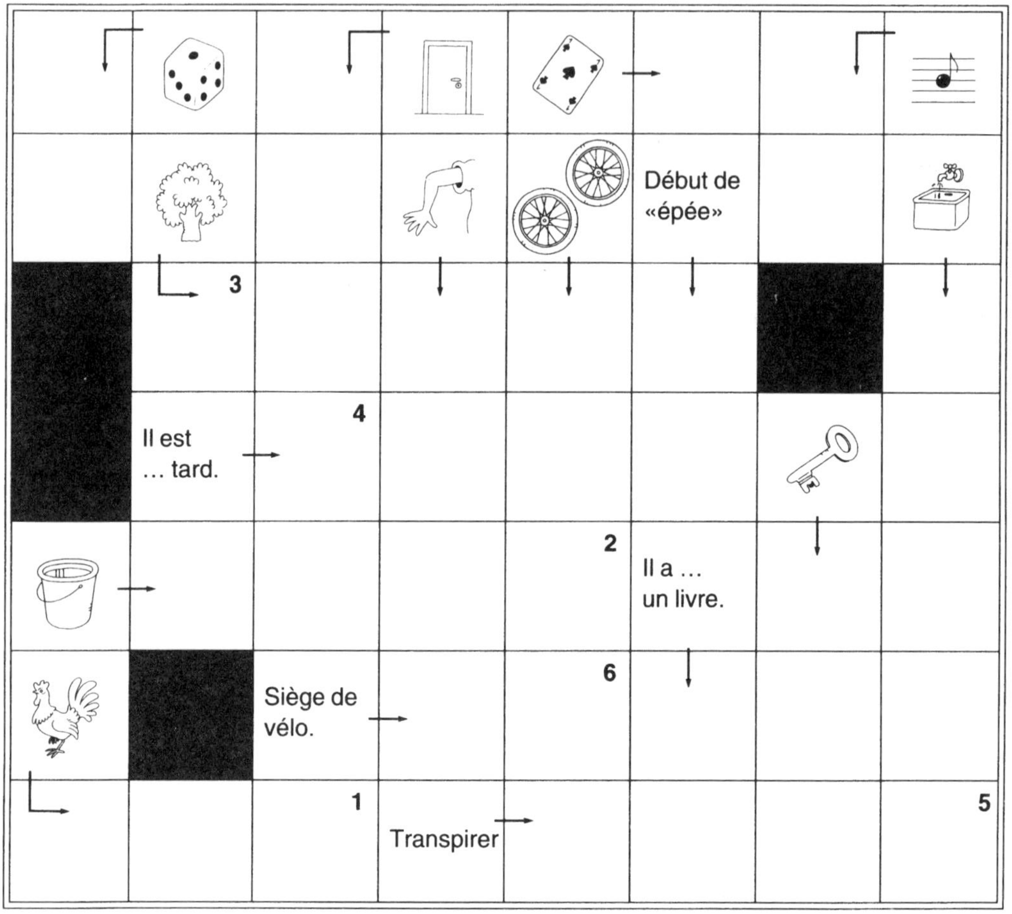

					Début de «épée»		
■	3					■	
■	Il est … tard.	4					
				2	Il a … un livre.		
	■	Siège de vélo.		6			
		1	Transpirer				5

Recherche les cases portant un chiffre. Inscris, dans le train, les lettres correspondantes pour former un mot.

Combien de voyageurs sont assis dans le train?

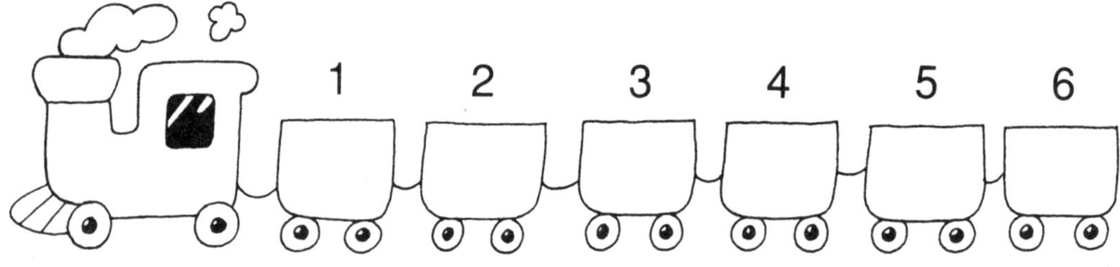

A TROUVER : OUTIL

Suis le labyrinthe. Chaque mot doit commencer par la dernière lettre du mot précédent.

1. Il règle la circulation.
2. Jamais deux sans …
3. Sans personne.
4. Il rencontre le Petit Chaperon rouge.
5. Extrémités des jambes.
6. Qui n'est pas humide.
7. Poil bordant les paupières.
8. Premier jour de la semaine.

1		3			4	
			7		6	
		8				5
	2					

Quel mot lis-tu dans les cases grises?

....

FRUITS ET LEGUMES

b	r	d	c	e	r	i	s	e	u	n	b	p
c	é	l	e	r	i	j	h	g	f	d	b	o
a	b	t	e	a	m	e	l	o	n	n	a	m
r	j	s	a	o	b	r	a	b	h	u	n	m
o	r	n	c	h	o	u	i	d	n	r	a	e
t	b	v	c	x	w	d	t	h	g	f	n	b
t	o	m	a	t	e	x	u	x	t	h	e	x
e	p	l	k	j	h	v	e	p	o	i	r	e

? Antoine cultive son jardin; il a beaucoup de fruits et de légumes. Peux-tu les retrouver dans la grille?

banane carotte céleri

cerise chou laitue melon

poire pomme tomate

LE CARRE MAGIQUE

Inscris les chiffres manquants, sachant que la somme des chiffres de haut en bas et de gauche à droite est toujours 65.

		7	20	3
4	12			16
17	5		21	
	18	1	14	
23		19	2	15

9	15		3	
	2	8	20	
13		25		1
5	6	12	24	
	23	4		10

Ici, la somme des chiffres de haut en bas et de gauche à droite est toujours 111.

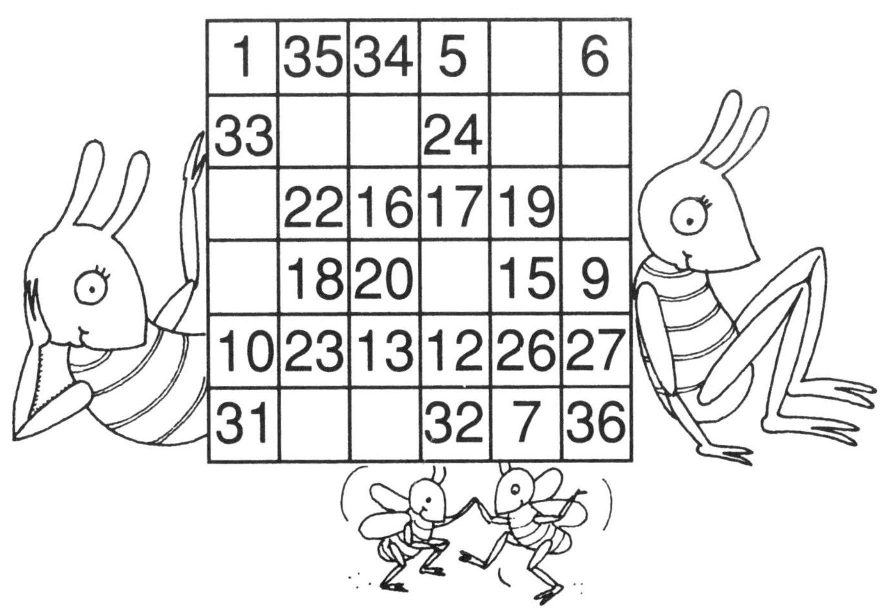

1	35	34	5		6
33			24		
	22	16	17	19	
	18	20		15	9
10	23	13	12	26	27
31			32	7	36

L'INTRUS

Un intrus s'est glissé dans chaque série de dessins.
Retrouve-le et barre-le.

1

2

3

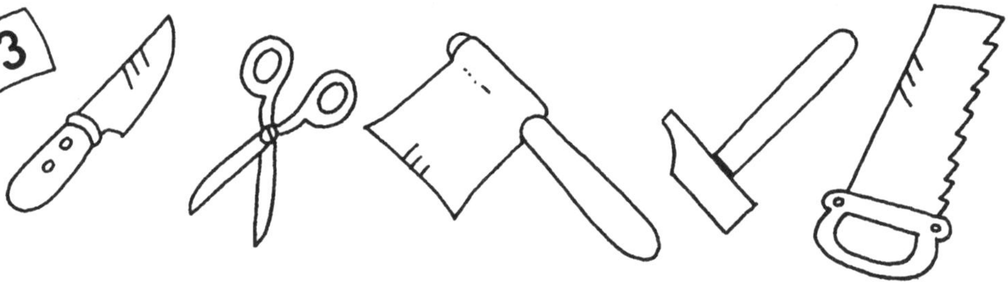

4

Paris Suisse Bruxelles Londres Rome

boucher boulanger facteur père épicier

Mots fléchés

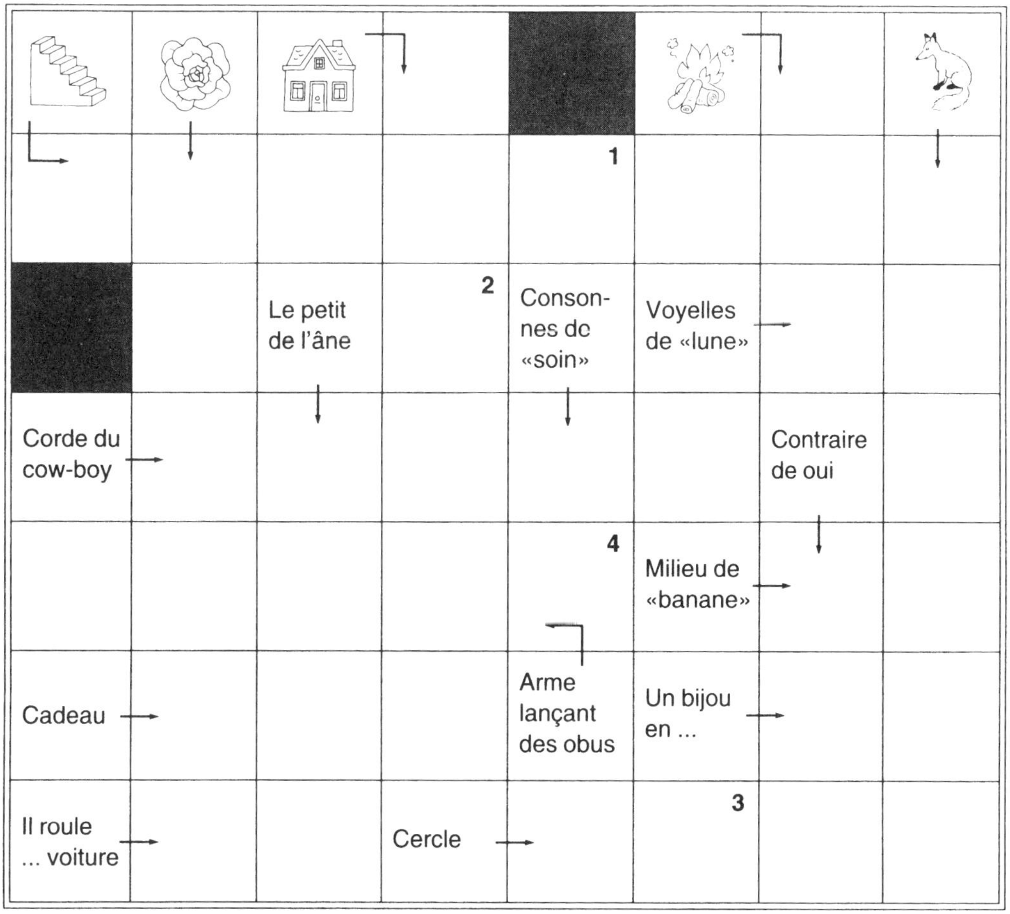

				1			
		Le petit de l'âne	2	Consonnes de «soin»	Voyelles de «lune»		
Corde du cow-boy						Contraire de oui	
				4	Milieu de «banane»		
Cadeau				Arme lançant des obus	Un bijou en ...		
Il roule ... voiture			Cercle		3		

Recherche les cases portant un chiffre. Inscris, dans le train, les lettres correspondantes pour former un mot.

Quel animal est caché dans le train?

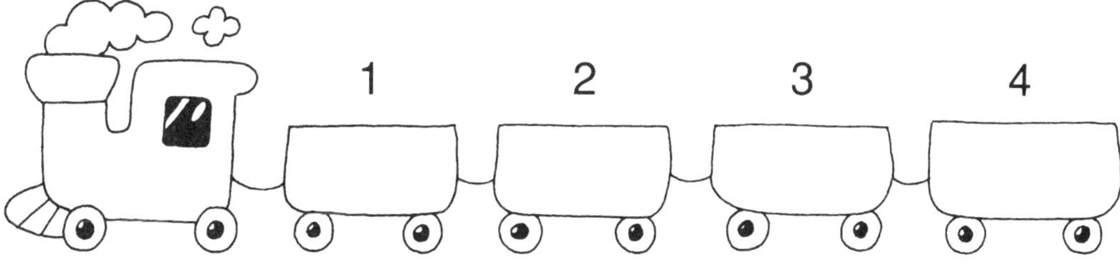

A LA PLAGE

t	j	e	u	k	l	s	e	a	u	o	p	m
n	p	a	r	a	s	o	l	k	d	q	b	i
s	r	t	g	g	y	l	g	h	r	i	a	l
a	e	m	e	r	i	e	u	e	a	j	l	k
b	t	y	u	i	o	i	j	a	p	h	l	p
l	f	d	s	q	a	l	j	u	e	v	o	n
e	p	e	l	l	e	h	g	f	a	s	n	k
r	e	z	a	q	s	v	a	g	u	e	t	j

? Gaël est en vacances à la mer. Recherche avec lui, dans la grille ci-dessus, les mots qui y sont cachés.

ballon drapeau jeu mer

parasol pelle sable

seau soleil vague

Jeu de réflexion

Chacun de ces astres représente un chiffre différent.
Essaie de découvrir lequel.

Un indice: Soleil = 10

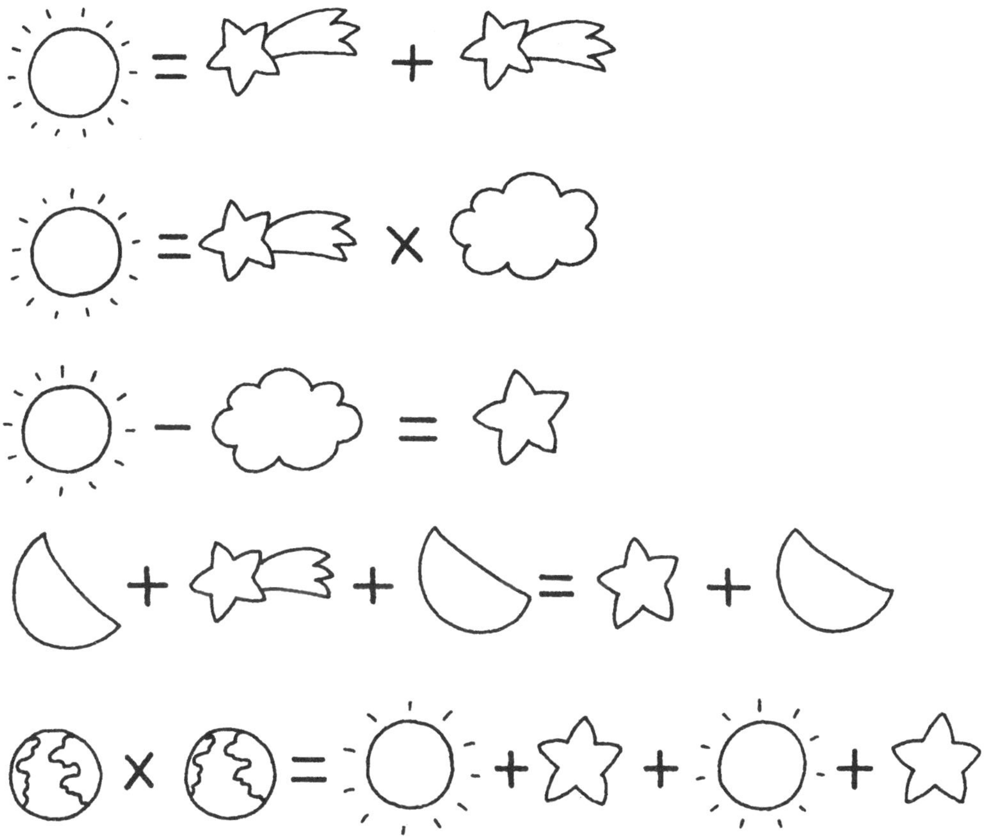

= +

= ×

− =

+ + = +

× = + + +

=

=

=

=

=

=

Rébus

é = e

eu = au

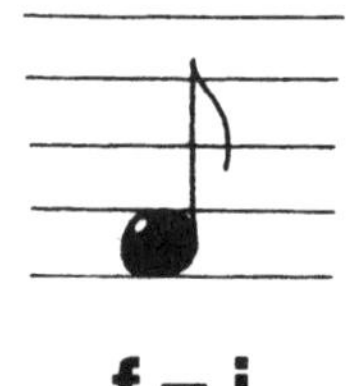

f = j

- son

anc = mett

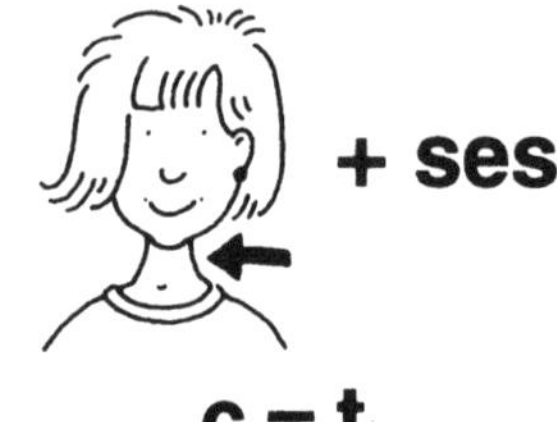

+ ses

c = t

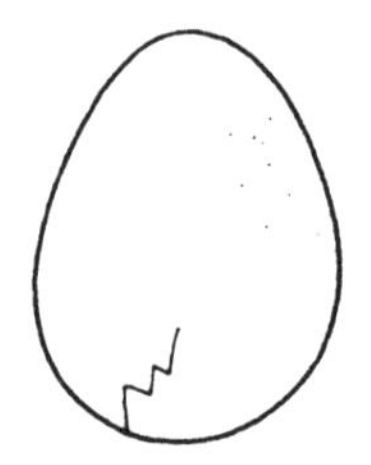

a = e

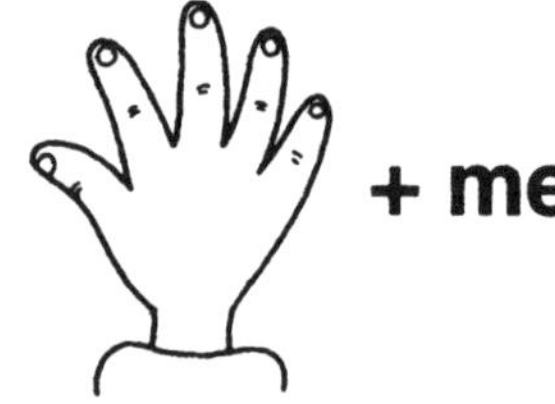

+ me

da = ier

....

Solution: Il ne faut jamais mettre tous ses œufs dans le même panier.

LA GRILLE CHIFFREE

Additionne chaque chiffre du premier rang (horizontalement) avec ceux de la première colonne (verticalement). Inscris chaque résultat dans la case correspondante de la grille. Dans le premier rang et la première colonne, certains chiffres manquent. Essaie de les découvrir.

+	8	30			25		2		40
12	20							15	
2				13		77			
			2						
									60
25								28	
17				28					
	41						35		
15			16						
		107						80	

Mots fléchés

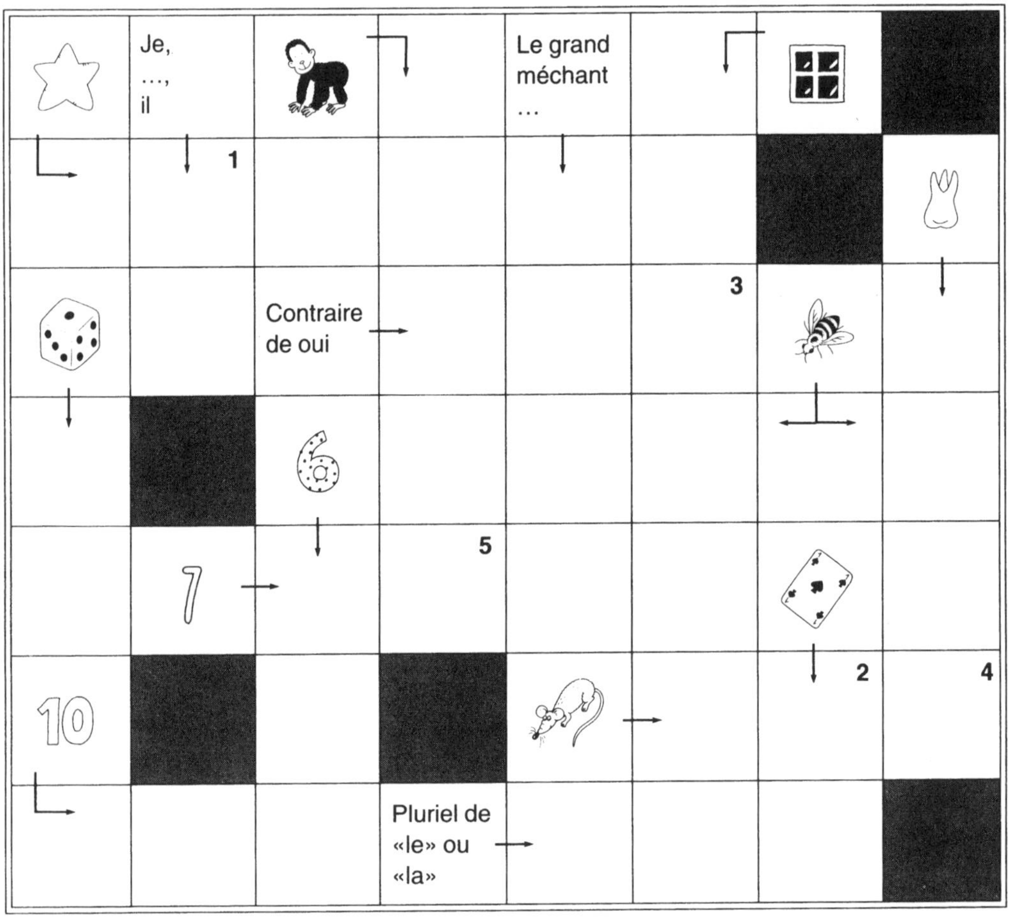

	Je, …, il			Le grand méchant …			
	1						
		Contraire de oui			3		
		6					
	7		5				
10						2	4
			Pluriel de «le» ou «la»				

Recherche les cases portant un chiffre. Inscris, dans le train, les lettres correspondantes pour former un mot.

Qui se trouve dans le train?

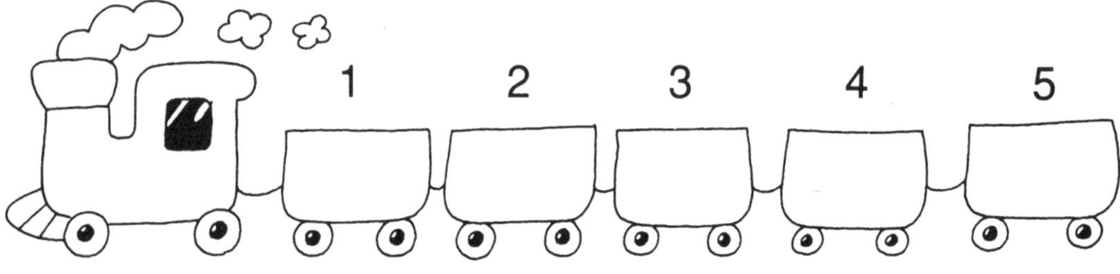

LES SEPT NAINS

Les sept nains chantent pour Blanche-Neige. Celle-ci est tellement contente qu'elle donne à chaque nain un nouveau nom.
Inscris sous chaque nain son nouveau nom.

MI est à côté de LA.
FA est entre RÉ et MI.
RÉ se situe au centre.
DO n'est pas à côté de SI.
Il n'y a personne à droite de LA.
SI n'a qu'un voisin, c'est SOL.

→↓ LES LEGUMES ET LES EPICES

E	R	U	O	M	A	S	S	I	U	S	B	E	J
T	O	L	O	C	C	A	R	O	T	T	E	E	D
E	R	A	D	I	S	L	Z	E	P	J	T	N	E
P	V	U	E	B	I	S	C	H	O	U	S	D	P
I	P	T	A	O	O	I	E	V	I	Y	M	I	E
N	P	I	E	U	A	F	R	M	R	M	E	V	R
A	R	I	U	L	O	I	F	R	E	L	A	E	S
R	L	E	C	E	A	S	E	V	A	E	V	I	I
D	U	I	E	T	T	A	U	C	U	R	R	Y	L
T	O	M	A	T	E	S	I	E	D	I	R	V	O
N	A	F	N	E	T	E	L	U	E	D	I	L	A
C	O	N	C	O	M	B	R	E	L	U	S	P	I
V	P	A	P	R	I	K	A	C	O	U	S	C	L
E	I	A	S	P	E	R	G	E	T	A	R	T	E

Cherche les 16 légumes et épices

AIL
ASPERGE
CAROTTE
CERFEUIL
CHOU
CIBOULETTE
CONCOMBRE
CURRY

ENDIVE
EPINARD
PAPRIKA
PERSIL
POIREAU
RADIS
SALSIFIS
TOMATE

LA GRILLE CHIFFREE

Additionne chaque chiffre du premier rang avec ceux de la première colonne. Inscris le résultat dans la case.

+	1	8	7	3	5	4	9	2	6
2									
6									
9									
3		11							
1									
4									
8									
5									
7									

 Mots fléchés 

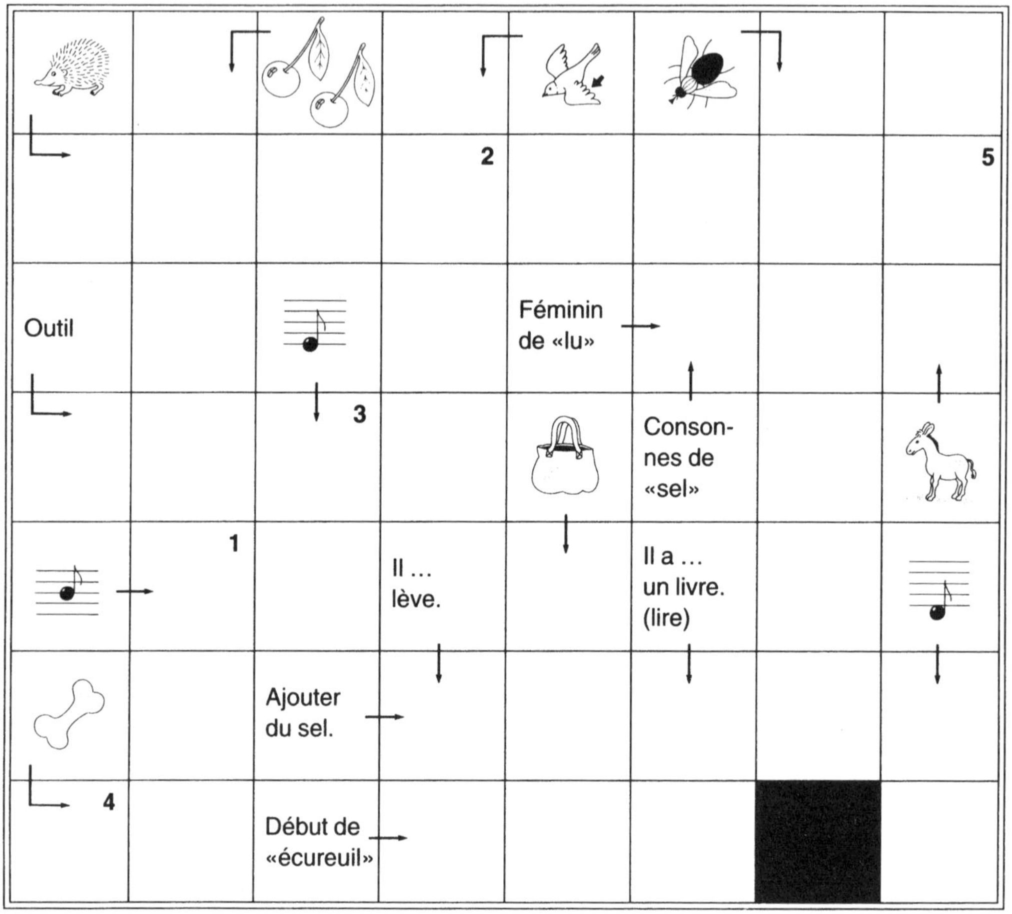

			2				5
Outil				Féminin de «lu»			
		3			Consonnes de «sel»		
	1		Il … lève.		Il a … un livre. (lire)		
		Ajouter du sel.					
4		Début de «écureuil»					

Recherche les cases portant un chiffre. Inscris, dans le train, les lettres correspondantes pour former un mot.

Qui se trouve dans le train?

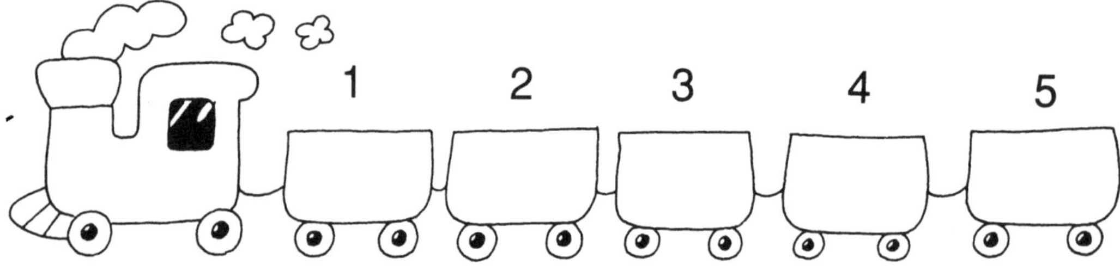

A TROUVER : DESSERT

Suis le labyrinthe. Chaque mot doit commencer par la dernière lettre du mot précédent.

1. Endroit où l'on projette des films.
2. Il sert à tirer des flèches.
3. Partie du corps qui soutient la tête.
4. Féminin de un.
5. J'… mon nom et mon adresse sans faute.
6. Pour se laver.
7. Maison des oiseaux.
8. Faire une sieste.
9. Sert à filer la laine.
10. Frappe.

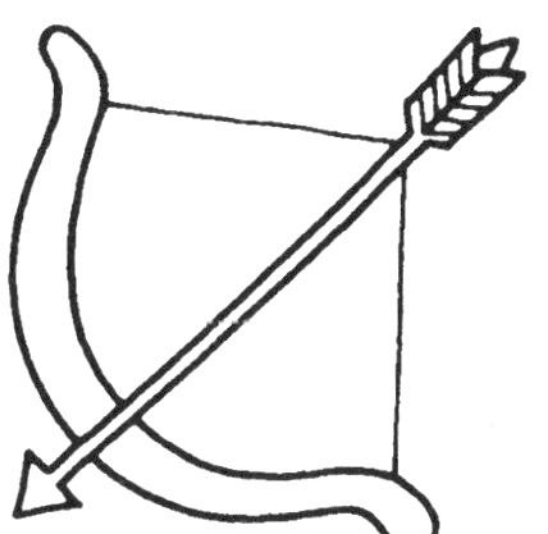

1					3	
		6		2		4
					5	
7						
	8	9				10

Quel mot lis-tu dans les cases grises?

……………………………………………………

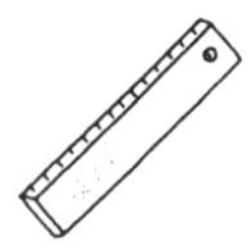

A L'ECOLE

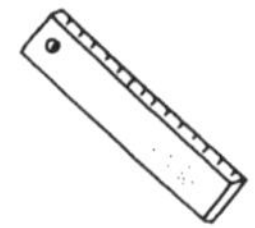

a	z	c	a	h	i	e	r	p	a	f	c	s
y	g	a	c	v	g	e	g	o	m	m	e	c
b	c	r	a	i	e	n	p	f	r	g	y	a
y	g	t	a	b	l	e	a	u	n	l	f	l
b	v	a	k	s	h	e	m	c	a	i	n	c
a	c	b	n	r	è	g	l	e	n	v	b	u
n	b	l	c	r	g	y	j	q	o	r	g	l
c	r	e	y	g	é	c	r	i	r	e	k	l

? Mathilde aime aller à l'école. Peux-tu l'aider à retrouver, dans la grille, les dix mots qui s'y cachent?

banc   cahier   calcul

cartable   craie   écrire

gomme   livre   règle   tableau

LES INTRUS

Dans chaque nuage se trouve un intrus. Découvre-le et inscris-le dans le soleil.

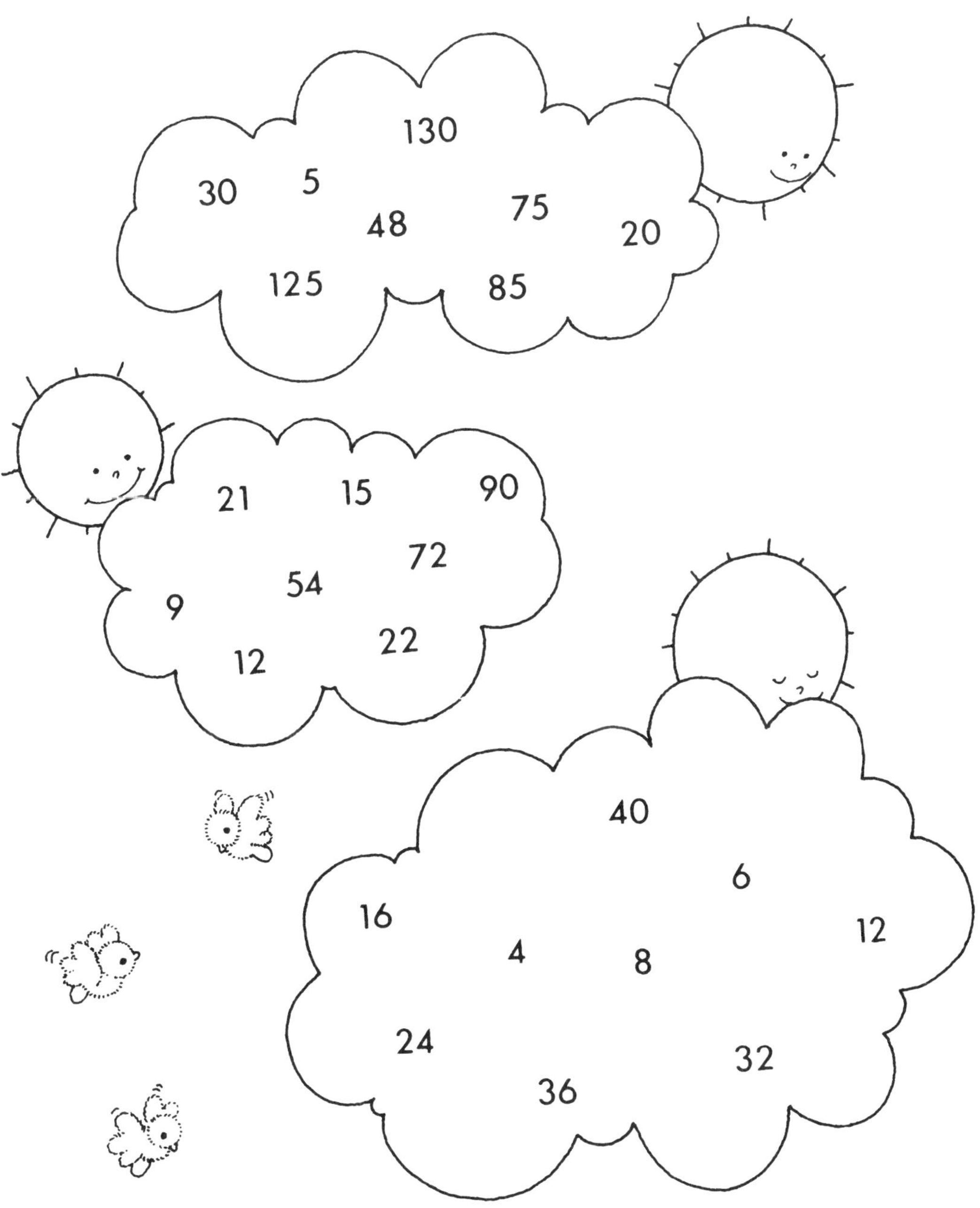

LES SYMBOLES

Dans ces opérations, chaque chiffre est remplacé par un symbole.
Quelle est la valeur de chaque symbole?

Un conseil: Commence par l'opération inscrite sur la balle.

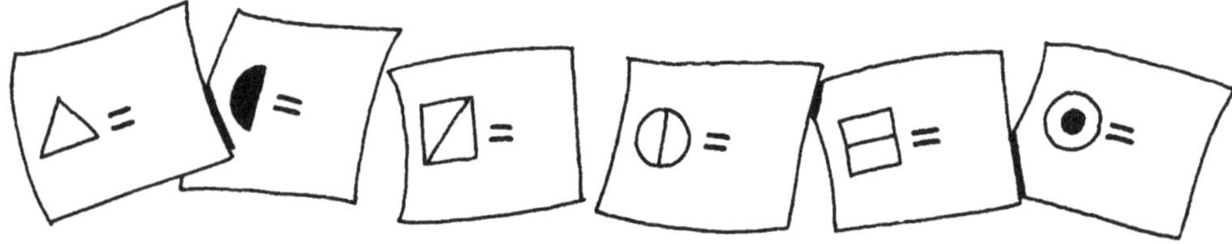

MON VISAGE

o	c	v	b	c	h	e	v	e	u	x	y	b
r	z	a	j	h	g	t	y	n	b	v	e	m
e	g	b	o	u	c	h	e	j	k	l	u	e
i	h	j	u	c	f	r	e	d	c	v	x	n
l	n	b	e	s	l	è	v	r	e	h	y	t
l	p	o	i	u	y	t	g	h	j	k	l	o
e	h	v	f	r	o	n	t	o	l	k	j	n
s	v	n	e	z	s	o	u	r	c	i	l	s

? Connais-tu les différentes parties du visage?
Peux-tu les retrouver dans la grille ci-dessus?

bouche cheveux front

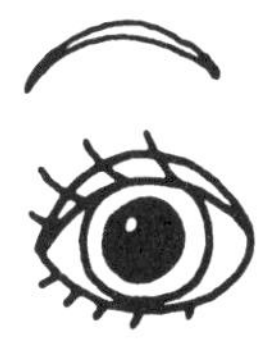

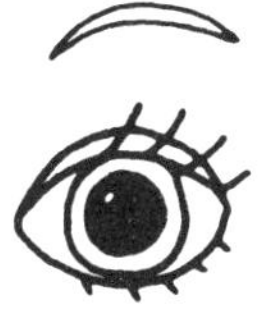

joue lèvre menton

nez oreilles sourcils yeux

LE DESSIN MYSTERIEUX

Colorie toutes les surfaces comprenant un nombre divisible par 2. Que vois-tu apparaître ?

MOTS FLECHES

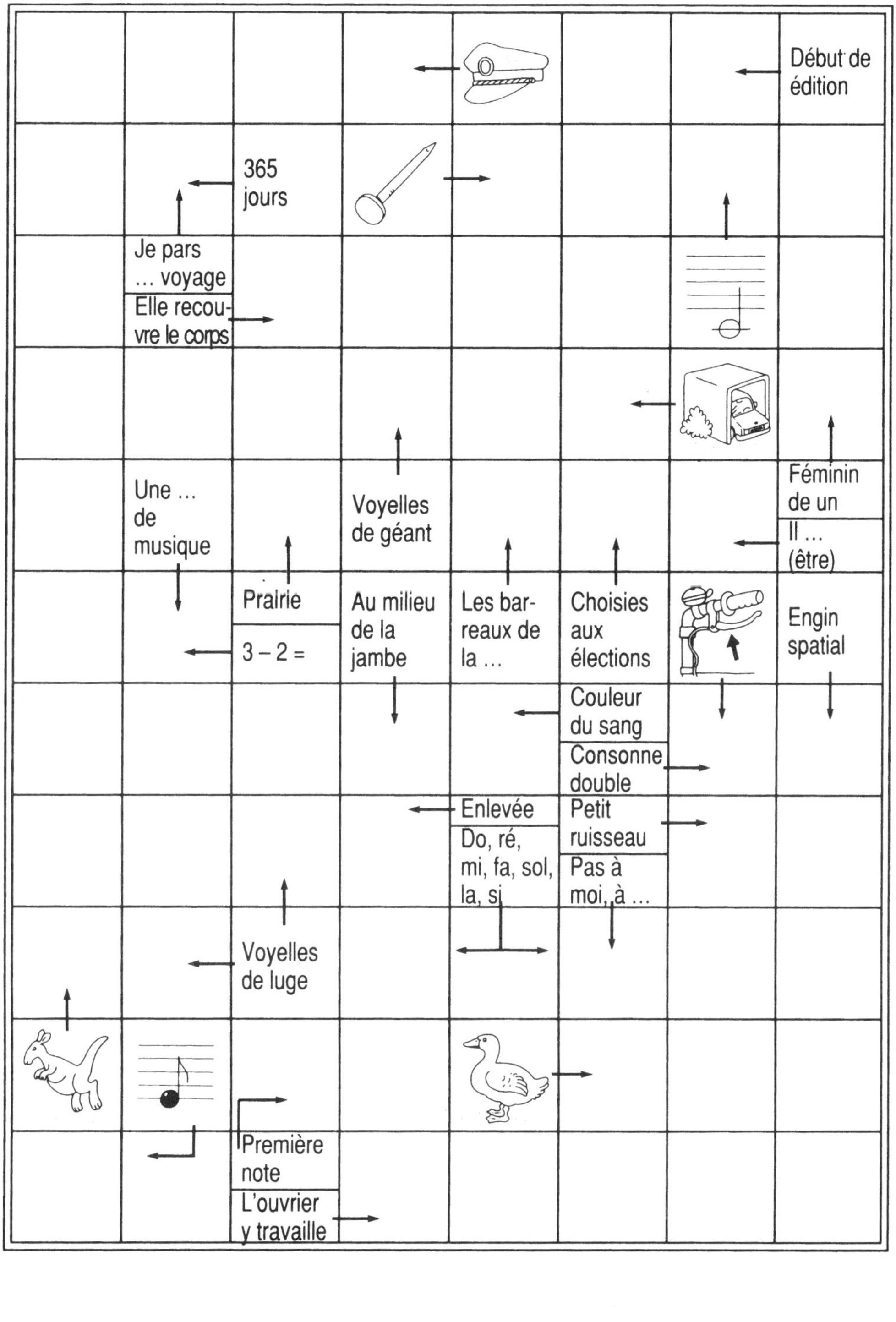

							Début de édition
		365 jours					
	Je pars … voyage Elle recouvre le corps						
	Une … de musique		Voyelles de géant				Féminin de un Il … (être)
		Prairie 3 – 2 =	Au milieu de la jambe	Les barreaux de la …	Choisies aux élections		Engin spatial
					Couleur du sang Consonne double		
				Enlevée Do, ré, mi, fa, sol, la, si	Petit ruisseau Pas à moi, à …		
		Voyelles de luge					
		Première note L'ouvrier y travaille					

Rébus

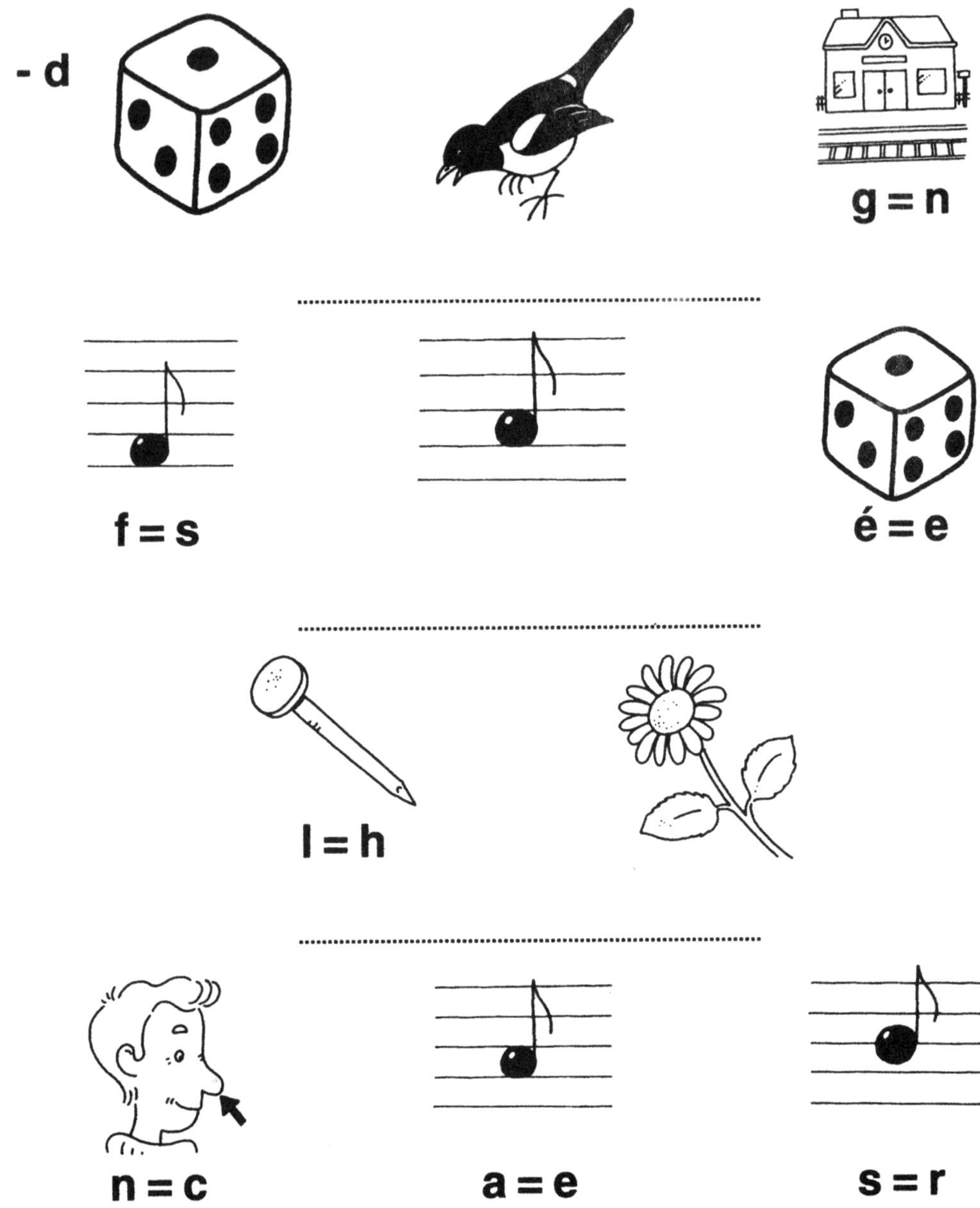

Solution: Epinards, salade, chou-fleur, céleri.

LES CHIFFRES ET LES LETTRES

Inscris dans chaque grande lettre les chiffres qui manquent.

 Mots fléchés 

	On y fabrique des choses.	Un agent de …	Il ou …?		La première … du livre		
				Il n'est … là.			3
		2		Pierre est mon meilleur …			
Groupe de maisons							
	4		Féminin de neveu	1re et 3e lettres de l'alphabet	Un bijou en …		1
	Maison de Dieu						

Recherche les cases portant un chiffre. Inscris, dans le train, les lettres correspondantes pour former un mot.

Quelle est la couleur du train?

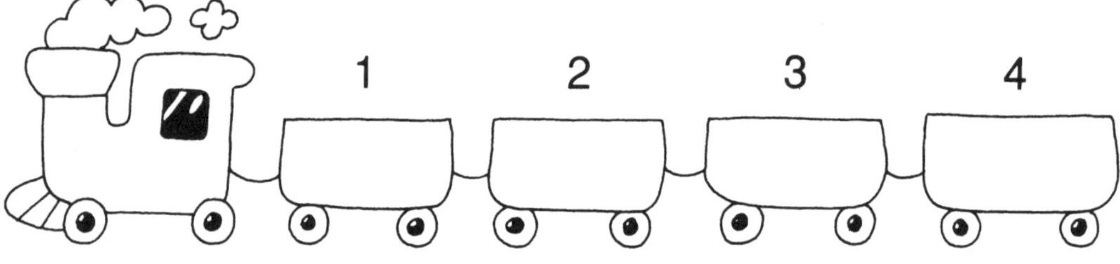

Jeu de réflexion

Le bûcheron doit abattre un arbre. Mais lequel?
Sur sa feuille, il peut lire:

Rechercher l'arbre dont le numéro correspond à la description suivante:
- *divisible par 2*
- *non divisible par 5*
- *non divisible par 3*
- *divisible par 4*

Le bûcheron doit abattre l'arbre portant le numéro ....

LES POINTS RELIES

Relie par ordre croissant tous les chiffres divisibles par 3.
Que vois-tu apparaître ?

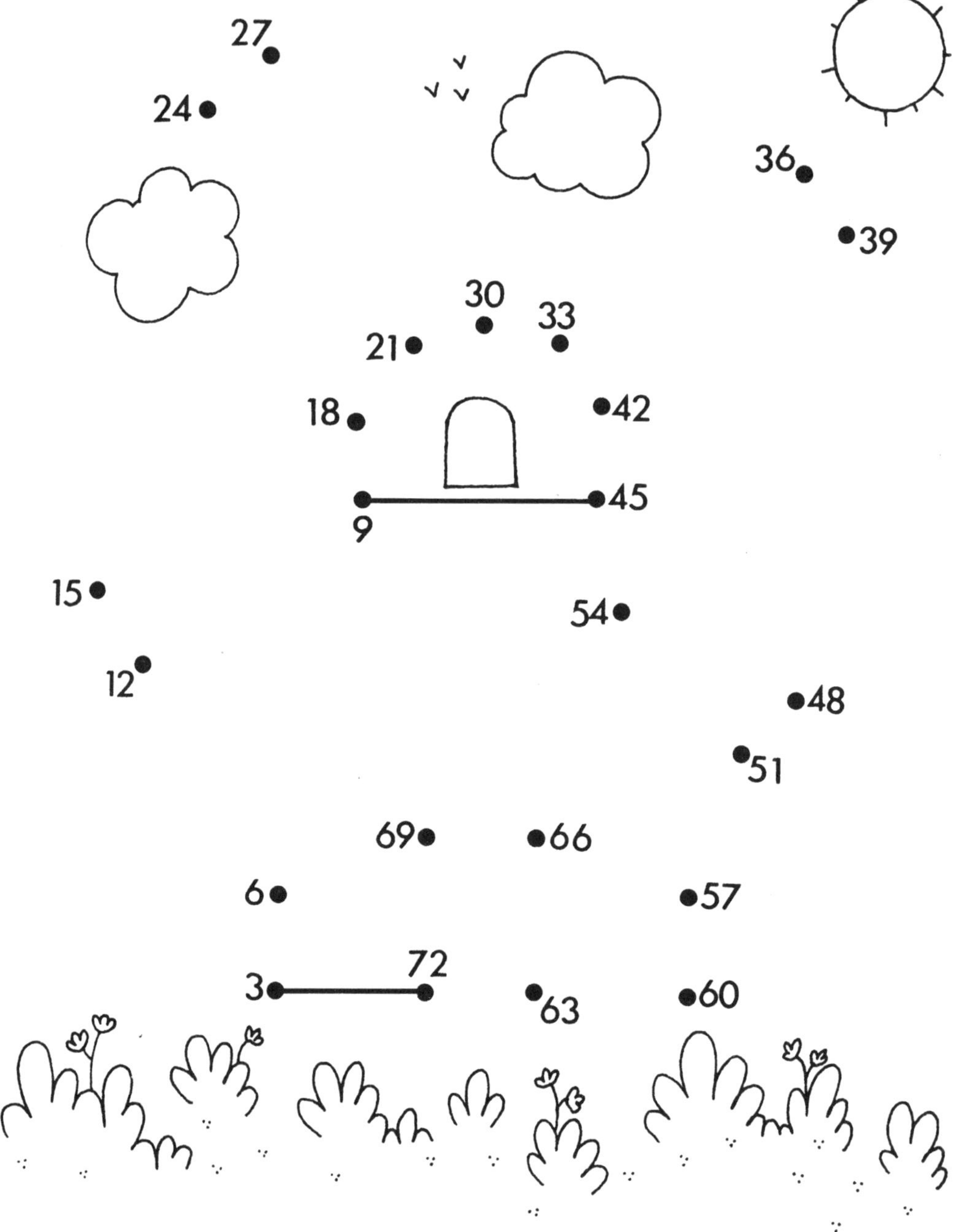

LA GRILLE CHIFFREE

Recherche dans la grille les trois petits carrés ci-dessous.
Colorie-les en rouge, en jaune et en bleu.

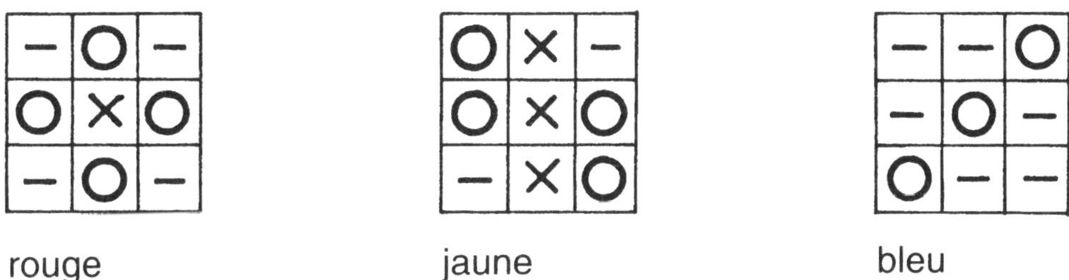

–	O	–
O	X	O
–	O	–

rouge

O	X	–
O	X	O
–	X	O

jaune

–	–	O
–	O	–
O	–	–

bleu

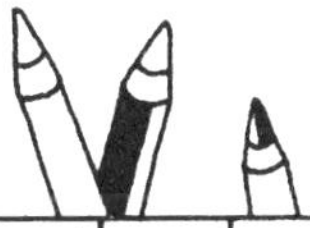

O	X	O	X	X	–	–	–	O	X
O	–	–	O	X	O	X	X	X	O
X	–	O	–	O	O	O	–	O	–
–	O	–	–	O	X	–	O	–	–
–	–	O	–	O	X	O	X	O	X
O	O	X	X	–	X	–	O	–	O
O	O	–	X	–	O	X	X	X	O
O	X	–	X	O	–	–	–	O	O
O	X	O	X	–	O	X	–	O	X
–	X	O	O	O	X	X	–	–	X

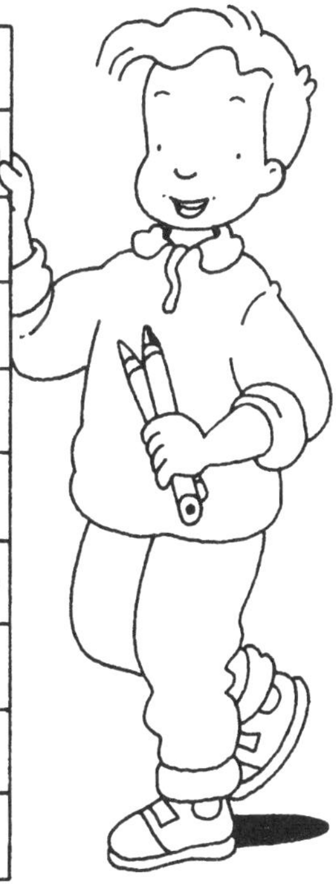

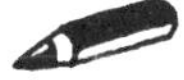

LES MOYENS DE TRANSPORT

→↓

H	F	T	R	O	T	T	I	N	E	T	T	E	T
E	M	M	O	P	E	N	I	C	H	E	P	H	R
M	A	T	A	X	I	F	F	A	I	R	L	E	A
O	N	R	U	T	I	A	T	E	L	I	A	V	I
T	E	A	S	A	U	T	O	I	O	F	N	O	N
O	B	M	T	V	E	R	I	S	M	A	E	I	L
C	J	E	C	I	B	V	E	L	O	E	U	L	C
Y	R	E	L	O	V	O	I	S	D	B	R	I	A
C	G	A	E	N	B	A	T	E	A	U	E	E	M
L	P	S	O	R	L	E	L	I	F	S	M	R	I
E	V	H	E	L	I	C	O	P	T	E	R	E	O
T	C	O	R	A	G	P	E	T	I	T	E	L	N
T	N	E	T	R	A	C	T	E	U	R	I	A	G
E	A	S	I	O	T	R	A	A	L	L	E	T	S

Cherche les 16 moyens de transport

AUTO
AVION
BATEAU
BUS
CAMION
HELICOPTERE
MOTOCYCLETTE
PENICHE

PLANEUR
TAXI
TRACTEUR
TRAIN
TRAM
TROTTINETTE
VELO
VOILIER

A TROUVER : INSECTE MUNI D'UN DARD

Suis le labyrinthe. Chaque mot doit commencer par la dernière lettre du mot précédent.

1. Ce n'est plus la nuit.
2. Une bicyclette possède deux …
3. Contraire de sur.
4. En me quittant, il me fait un … de la main.
5. Ce chêne … centenaire.
6. Nom d'un livre.
7. Astre qui brille dans le ciel.
8. Signifie : "et ainsi de suite".
9. Tu le vois quand tu lèves la tête.
10. Animal sauvage voisin du chien.

1						5
9		2	4			
					3	6
8	10				■	
				7		

Quel mot lis-tu dans les cases grises?

……………………………………………………

LE PERE NOEL

t	y	c	n	b	v	x	p	o	u	p	é	e
r	j	h	l	a	f	ê	t	e	m	j	v	z
a	n	o	ë	l	u	r	e	k	g	j	m	r
î	n	c	l	a	d	s	n	o	l	o	l	e
n	b	o	n	b	o	n	f	v	d	u	v	n
e	g	l	v	s	i	h	a	l	g	e	j	n
a	z	a	r	t	y	u	n	k	l	t	n	e
u	v	t	c	d	h	o	t	t	e	i	n	m

? Le grand jour est enfin arrivé! Les enfants sont fous de joie. Retrouve les dix mots cachés dans la grille.

bonbon chocolat enfant

fête hotte jouet noël

poupée renne traîneau

Jeu de réflexion

Le fermier Samuel veut diviser son pré en quatre parties égales. Sur chaque partie doit se trouver un cheval, une vache, un cochon et une poule.
Aide le fermier Samuel en délimitant les quatre parties de son pré.

LES AMPOULES

À chaque fil électrique sont suspendues trois ampoules. Sachant que tu peux utiliser des ampoules de 25, 40, 60 et 100 watts, indique une valeur à chaque ampoule.
La somme des trois ampoules de chaque fil doit correspondre au nombre de watts indiqué sur la carte.

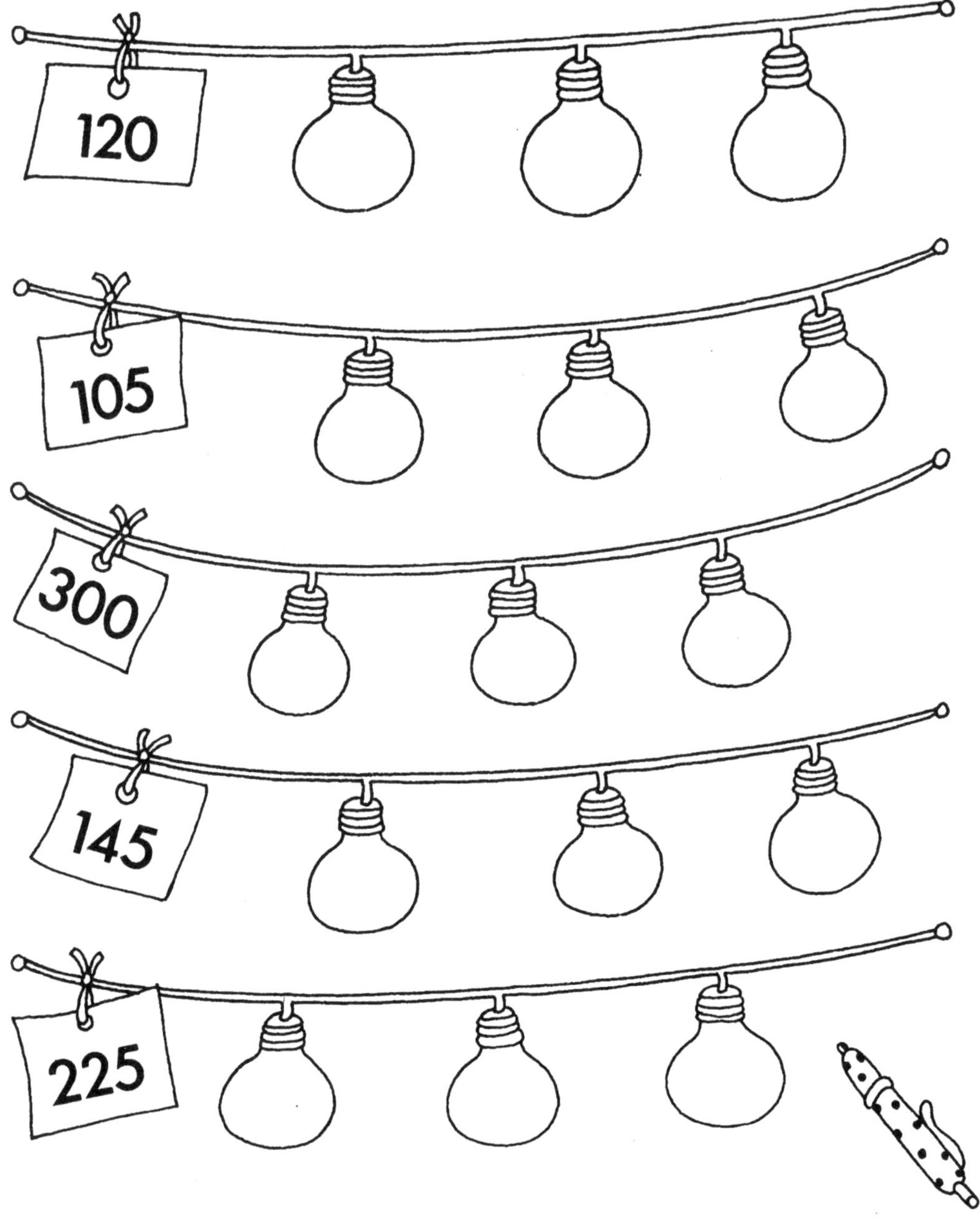

 Mots fléchés 

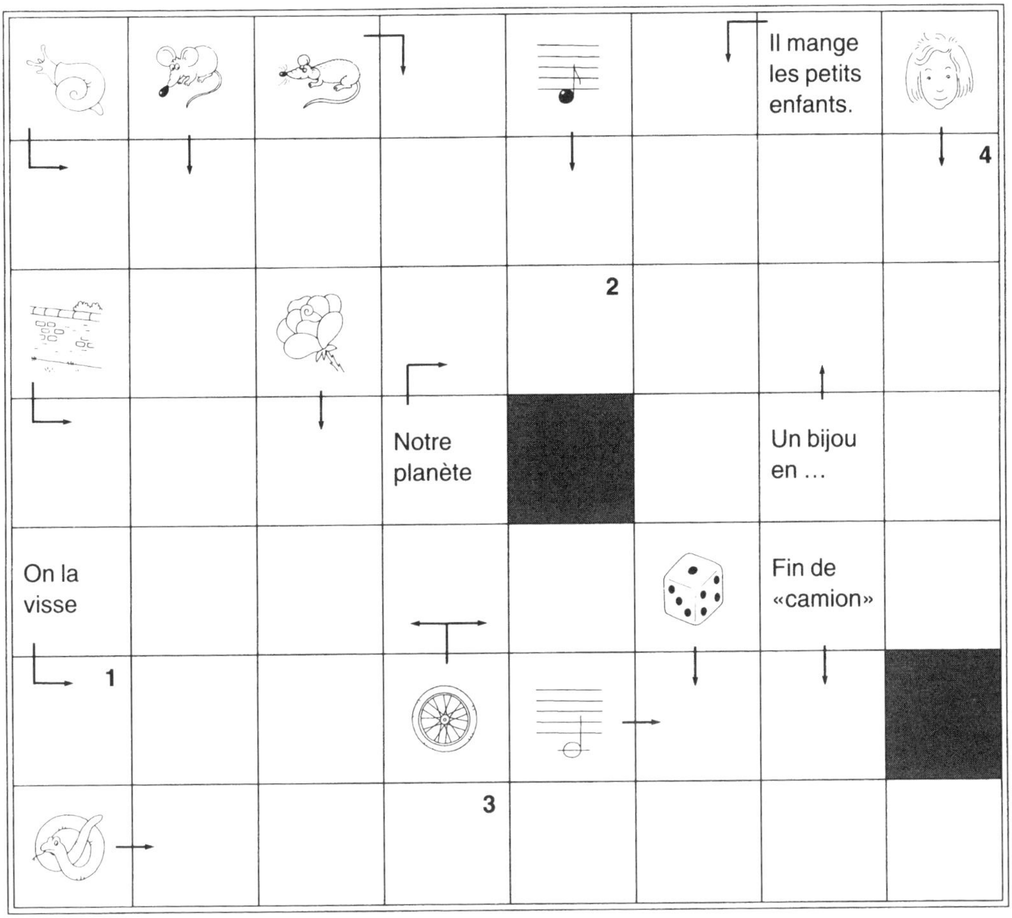

						Il mange les petits enfants.	
							4
				2			
			Notre planète			Un bijou en …	
On la visse						Fin de «camion»	
1							
			3				

Recherche les cases portant un chiffre. Inscris, dans le train, les lettres correspondantes pour former un mot.

Quelle est la couleur du train?

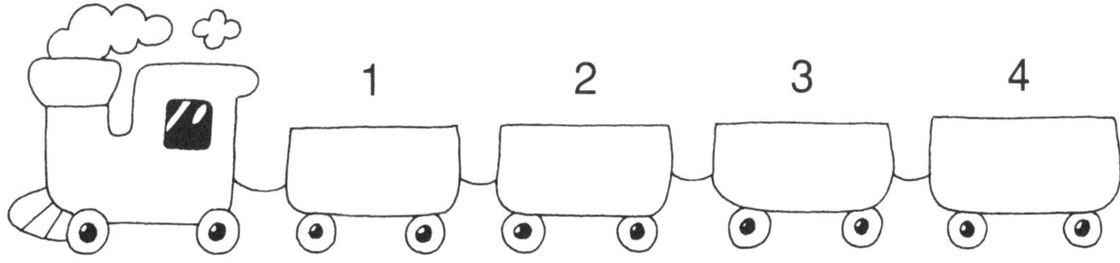

A TROUVER : OISEAU QUI HULULE

Suis le labyrinthe. Chaque mot doit commencer par la dernière lettre du mot précédent.

1. Quatre x deux = …
2. Le T.G.V. en est un.
3. Au printemps, l'oiseau fait son …
4. C'est ce que tu fais quand tu es fatigué.
5. Vêtement féminin.
6. Mon voisin … sympathique.
7. Grâce à lui, il ne pleut pas dans ma maison.
8. As-tu fini de jouer? Alors, c'est à mon …
9. Je suis la reine des fleurs.

1			2		
4		3			
			6		
	5			7	
		8			9

Quel mot lis-tu dans les cases grises?

……………………………………………………

COMPTER AVEC LES ANIMAUX

Dans ces opérations, chaque chiffre est remplacé par un animal.
Quelle est la valeur de chaque animal?

Un indice: Araignée = 2

LES NOMBRES

→ ↓

R	A	O	L	A	S	K	E	C	H	A	R	A	M
D	F	E	Z	D	I	D	E	U	N	X	I	C	N
E	I	S	O	I	X	A	N	T	E	E	T	I	F
U	D	E	T	X	S	E	L	A	U	C	O	N	L
X	I	D	R	U	A	N	E	E	F	T	Q	Q	P
H	N	R	E	T	I	U	S	S	E	M	E	U	N
B	I	Q	I	C	M	I	L	L	I	O	N	A	T
D	O	U	Z	E	I	D	U	T	E	S	E	N	D
A	N	A	E	N	L	S	G	P	T	A	N	T	E
O	R	R	I	T	L	L	A	U	R	E	T	E	A
Q	U	A	T	R	E	C	V	T	O	I	T	U	N
U	A	N	S	A	I	S	O	N	I	I	O	F	E
A	N	T	S	D	E	Z	E	R	S	C	E	T	I
E	N	E	F	T	R	E	N	T	E	A	V	U	N

Cherche les 16 nombres

CENT
CINQUANTE
DEUX
DIX
DOUZE
MILLE
MILLION
NEUF
QUARANTE
QUATRE
SIX
SOIXANTE
TREIZE
TRENTE
TROIS
UN

LES POINTS RELIES

Relie par ordre croissant tous les chiffres divisibles par 2.
Que vois-tu apparaître ?

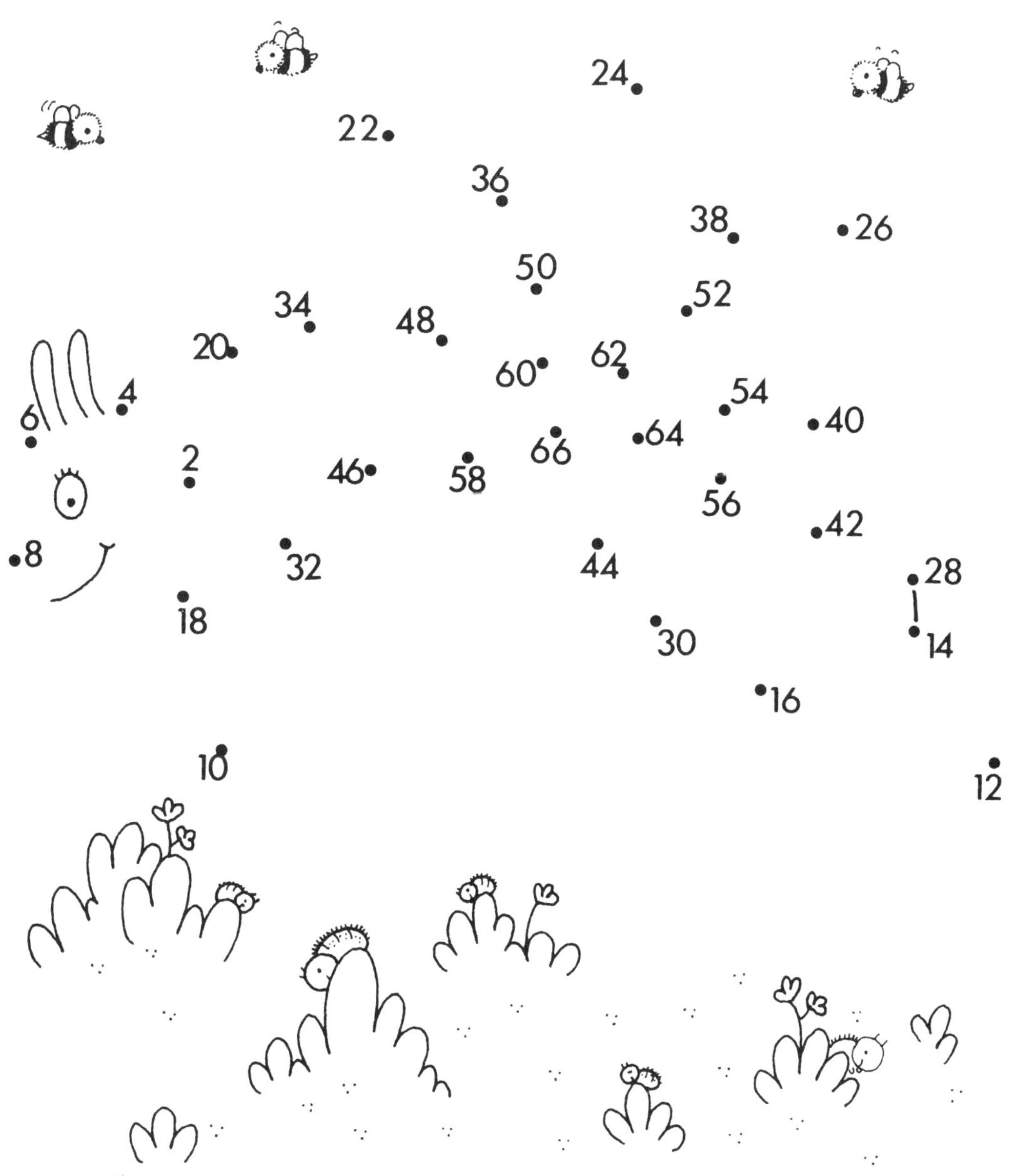

Mots fléchés

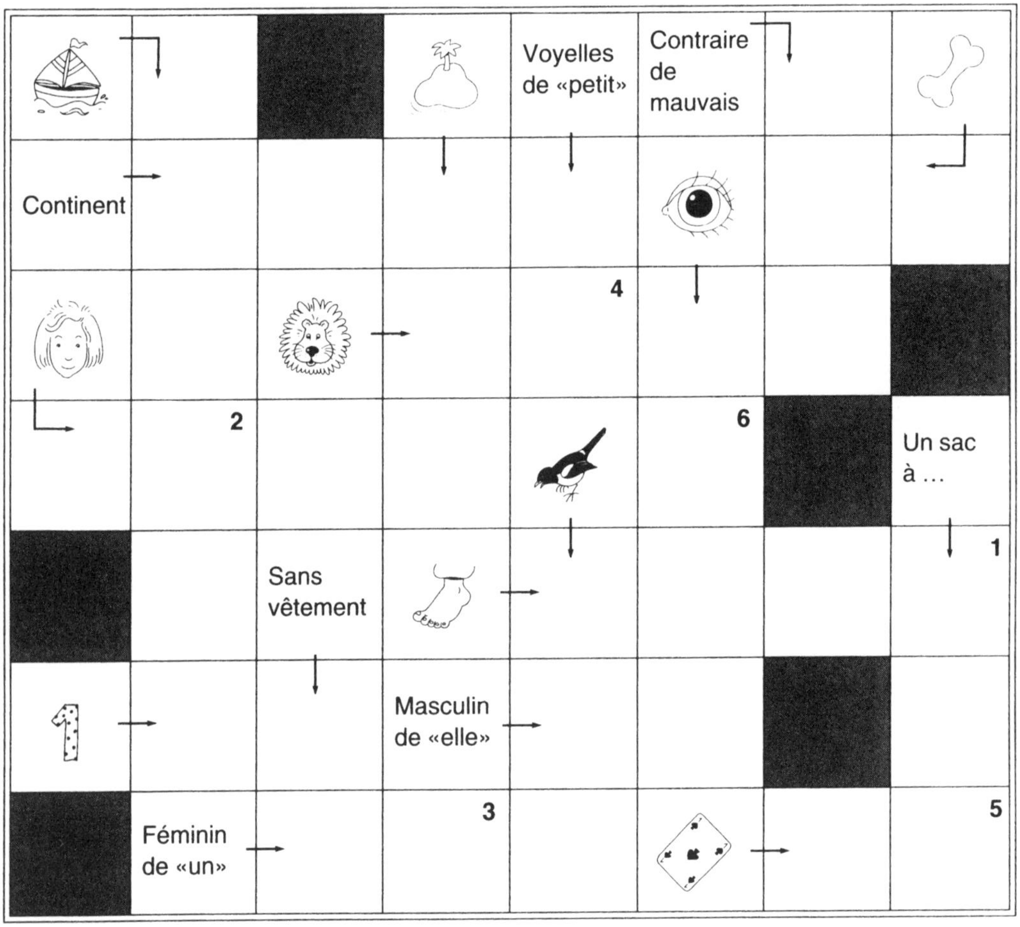

				Voyelles de «petit»	Contraire de mauvais		
Continent							
				4			
	2				6		Un sac à ...
		Sans vêtement					1
			Masculin de «elle»				
	Féminin de «un»		3				5

Recherche les cases portant un chiffre. Inscris, dans le train, les lettres correspondantes pour former un mot.

Qui se trouve dans le train?

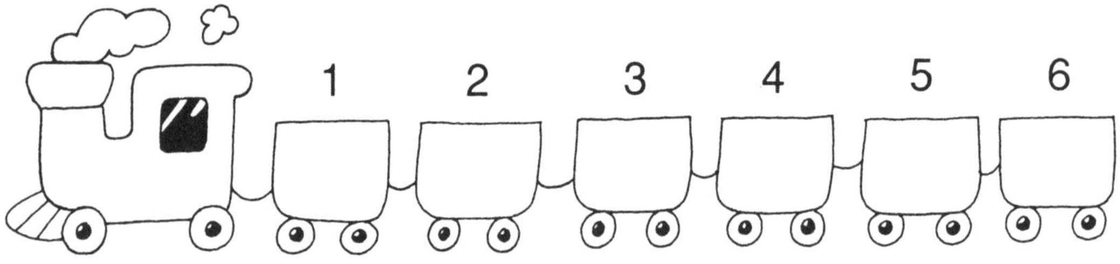

AU RESTAURANT

n	h	f	o	u	r	c	h	e	t	t	e	l
b	r	c	s	n	a	p	p	e	l	k	j	c
s	e	r	v	e	u	r	k	o	i	b	k	o
a	p	e	r	t	a	s	d	r	f	o	h	u
n	a	c	h	m	e	n	u	r	j	i	r	t
f	s	y	t	t	a	b	l	e	i	r	i	e
s	e	r	v	i	e	t	t	e	k	e	a	a
o	l	m	m	a	n	g	e	r	i	u	t	u

? François invite Sophie au restaurant. Que voient-ils? Retrouve les mots suivants dans la grille ci-dessus.

boire couteau fourchette

manger menu nappe

repas serveur serviette table

CALCULS CROISES

Complète avec les opérations et les chiffres manquants.

	-	7	=	11
-		-		-
			=	
=		=		=
6		3	=	3

13	+	2	=	
		+		-
	-		=	9
=		=		=
2	+		=	

	+	9	=	18
		-		+
10	-		=	
=		=		=
	+		=	20

9	+		=	15
		-		
	-	3	=	4
=		=		=
16	+		=	

LE CHEMIN LE PLUS COURT

Marie, Pierre et Jean rejoignent chacun le terrain de jeux par des chemins différents. Ils partent au même moment et marchent tous les trois à la même vitesse.
Qui arrivera le premier ?

Tu sais que 1 centimètre correspond en réalité à 100 mètres.
Quelle est la distance que les enfants doivent parcourir?

Marie: ... mètres
Pierre: ... mètres
Jean: ... mètres

LE S-S-S-SERPENT

Ce serpent gourmand avale le chiffre 8 ! Effectue tous les calculs successifs et inscris le résultat final dans la queue du serpent.

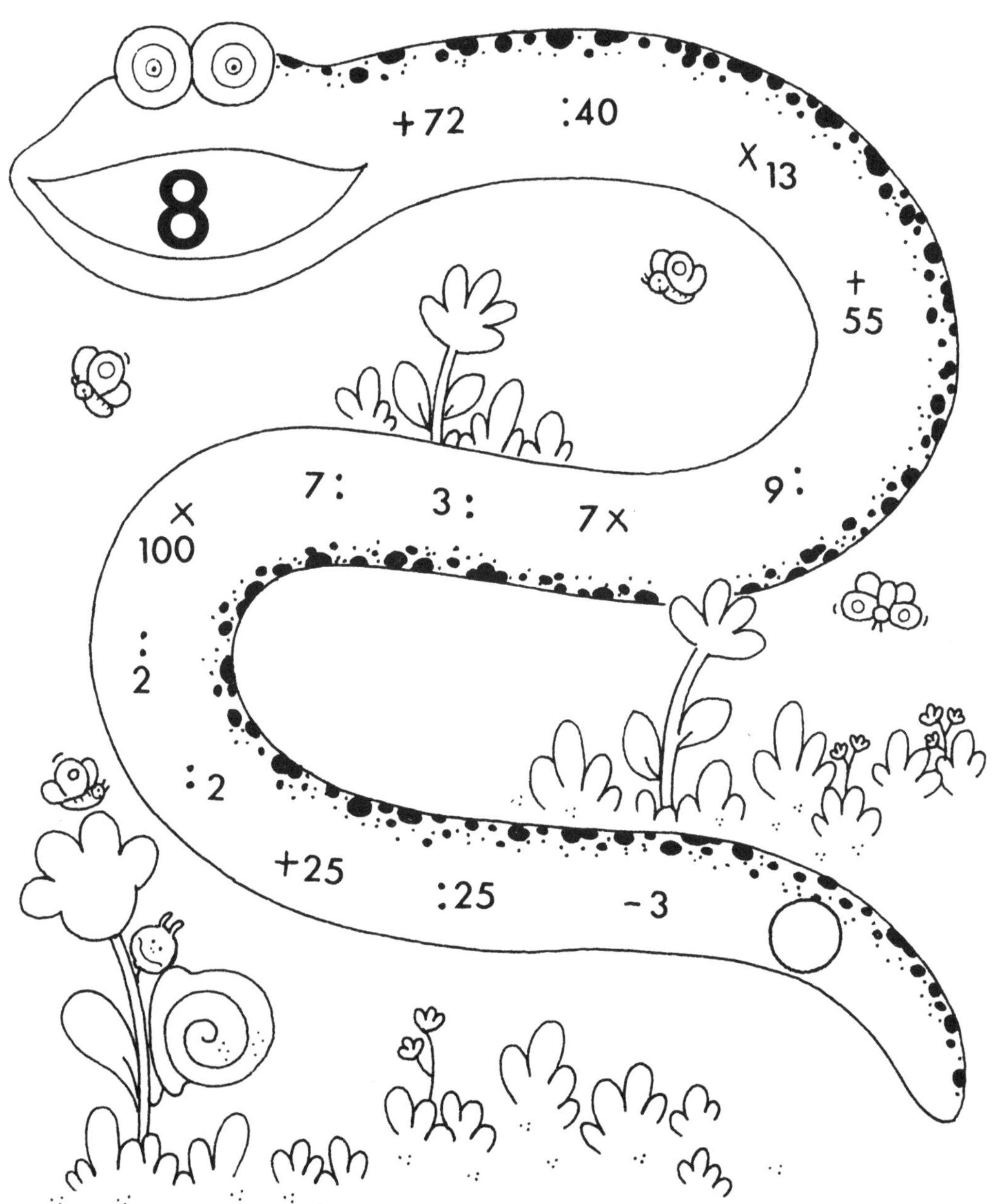

A TROUVER : INSTRUMENT A VENT

Suis le labyrinthe. Chaque mot doit commencer par la dernière lettre du mot précédent.

1. Saison froide.
2. Voisin de la souris.
3. Femme de mon oncle.
4. On y loge les vaches.
5. Tu … drôle!
6. Il circule dans nos veines.
7. Pas petit.
8. Neuf + trois = …
9. Pareil.

1				4		6	
	3	9				5	
							7
	2			8			

Quel mot lis-tu dans les cases grises?

....

A LA PECHE

f	v	c	m	o	u	l	i	n	e	t	b	p
l	b	a	t	e	a	u	p	k	j	h	r	ê
o	i	h	a	m	e	ç	o	n	n	b	i	c
t	k	d	i	v	r	s	i	n	h	t	v	h
t	v	f	i	l	e	t	s	b	g	t	i	e
e	b	g	h	u	j	y	s	o	p	m	è	u
u	g	a	u	l	e	b	o	p	j	g	r	r
r	u	n	h	y	p	a	n	v	e	r	e	m

? Emile est un bon pêcheur. Peux-tu l'aider à retrouver les dix mots cachés dans la grille ci-dessus?

bateau filet flotteur

gaule hameçon moulinet

pêcheur poisson rivière ver

OU HABITENT-ILS ?

Effectue les calculs inscrits sous chaque personnage et trace le chemin menant à la maison portant le numéro correspondant.

COUPAGE ET COLLAGE

Pour reconstituer cette locomotive, tu dois employer 6 morceaux. Combien de locomotives entières peux-tu reconstituer avec tous ces éléments ?

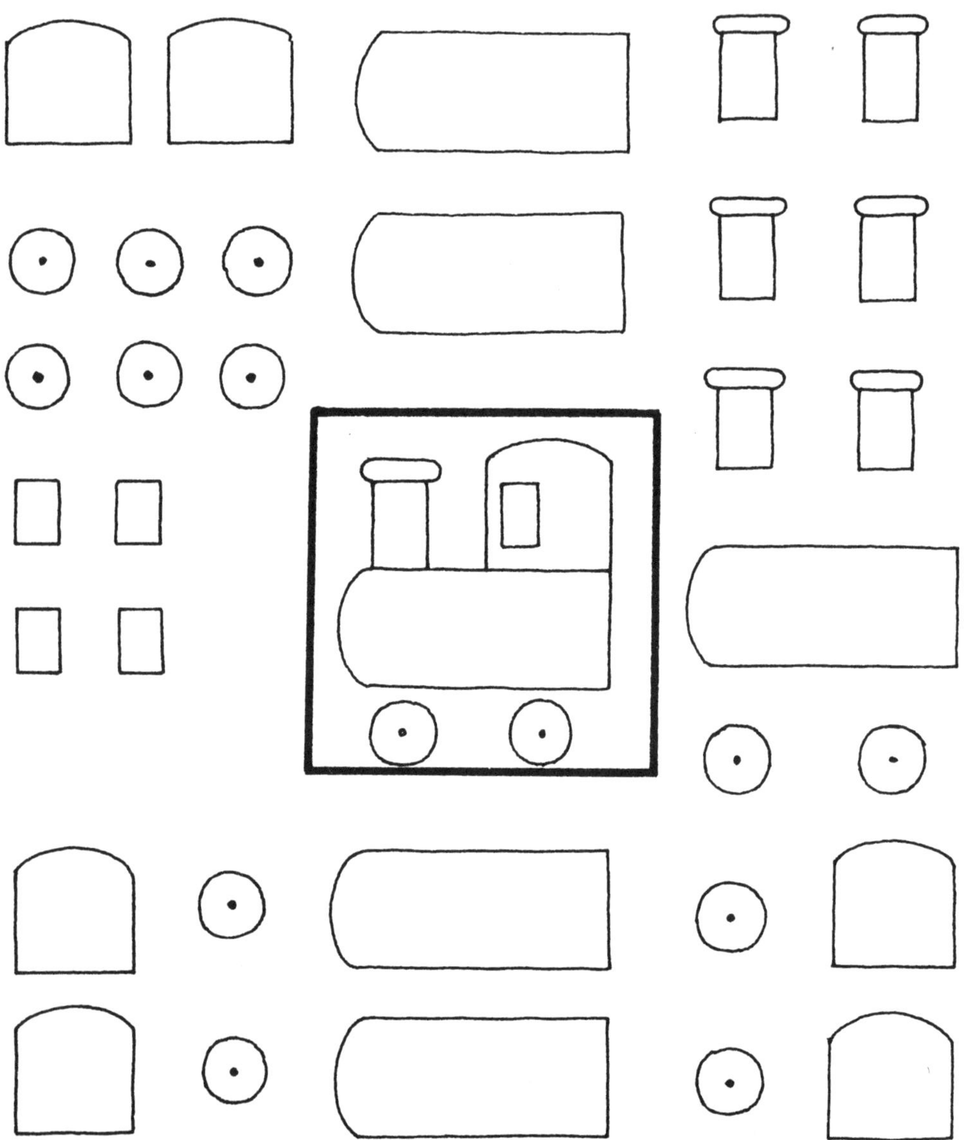

Je peux reconstituer ..... locomotives.

 Mots fléchés 

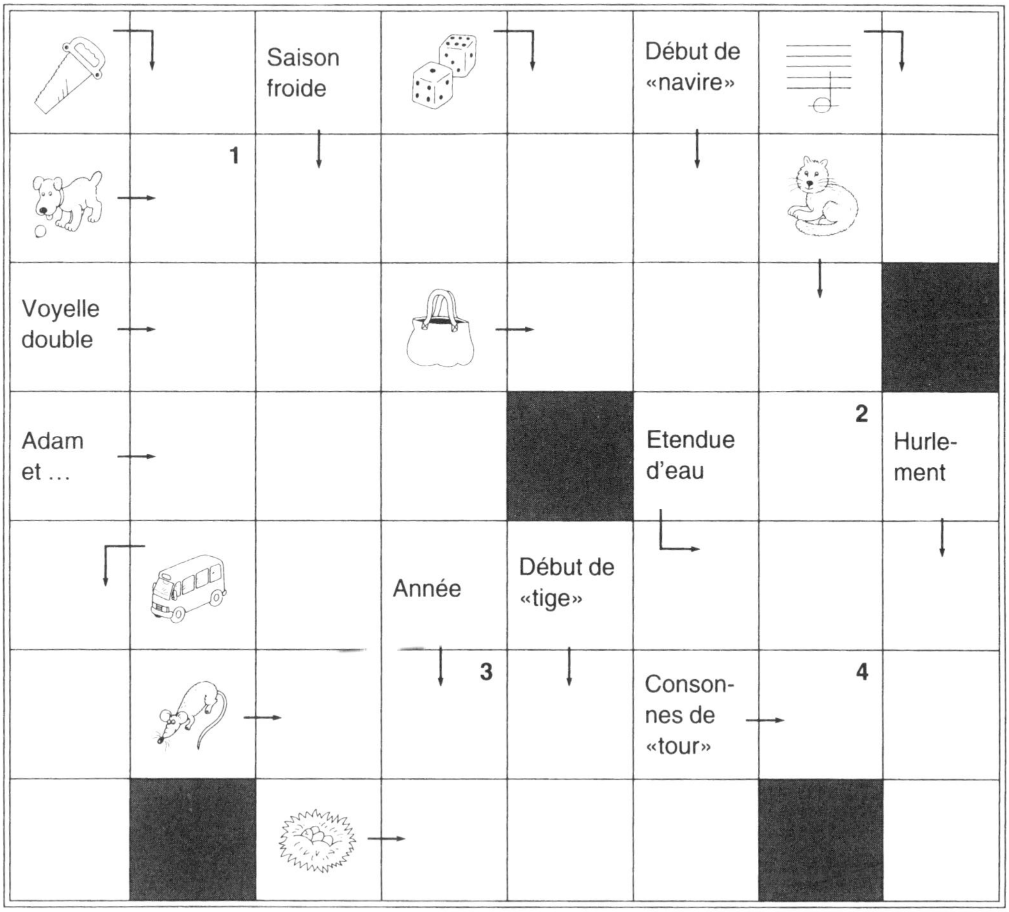

		Saison froide			Début de «navire»		
	1						
Voyelle double							
Adam et …					Etendue d'eau	2	Hurle-ment
			Année	Début de «tige»			
			3		Conson-nes de «tour»	4	

Recherche les cases portant un chiffre. Inscris, dans le train, les lettres correspondantes pour former un mot.

Quel animal se cache dans le train?

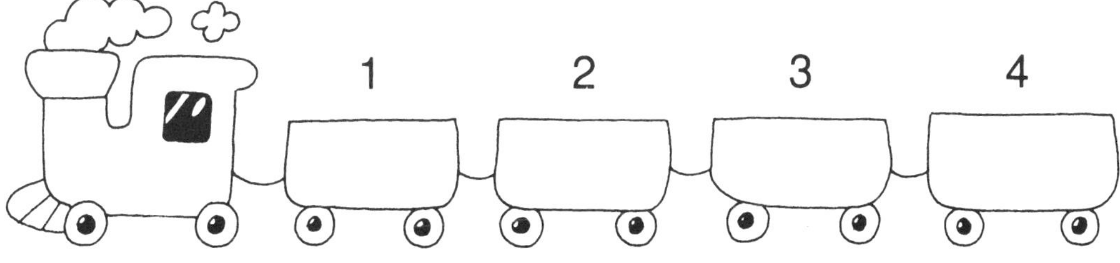

LES COULEURS

n	y	g	h	u	j	a	u	n	e	o	l	k
t	g	b	b	l	a	n	c	o	l	n	a	v
r	o	u	g	e	b	r	a	z	e	d	c	e
y	r	g	r	k	l	o	p	n	o	i	r	r
z	a	g	i	b	v	s	u	j	n	b	v	t
b	n	f	s	r	d	e	x	w	q	a	z	s
u	g	v	b	e	a	s	b	r	u	n	k	m
r	e	h	f	b	l	e	u	p	l	a	h	u

? Connais-tu le nom des différentes couleurs?
Peux-tu les retrouver dans la grille ci-dessus?

blanc bleu brun gris

jaune noir orange

rose rouge vert

LE CIEL ETOILE

Chaque astre représente un chiffre différent. La somme des chiffres de chaque rang se trouve dans la marge.

UN PARTAGE EQUITABLE

Quatre abeilles se régalent du nectar des fleurs. Divise la prairie en quatre parties égales, en veillant à ce que chaque abeille reçoive le même nombre de fleurs.

Divise également cette prairie en quatre parties égales, en veillant à ce que chaque abeille reçoive le même nombre de fleurs.

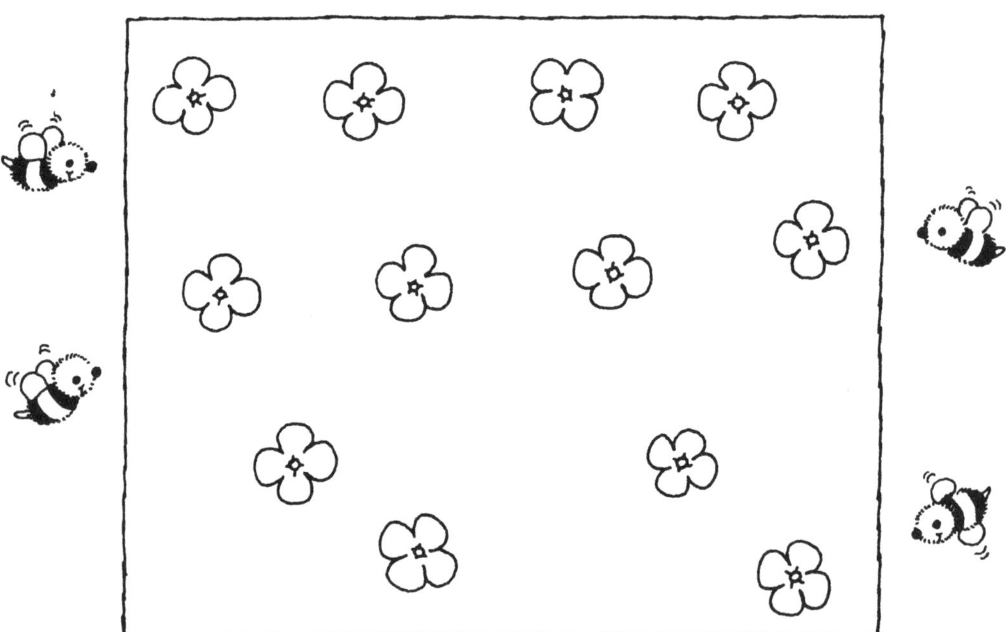

CALCULS CROISES

Complète ces grilles en y inscrivant les opérations et chiffres manquants.

	x	10	=	30
x	■	x	■	
	x		=	
=	■	=	■	=
60	+		=	90

			=	47
-	■	:	■	-
33	:	1	=	
=	■	=	■	=
	-	10	=	

	:	2	=	50
:	■		■	:
	x		=	25
=	■	=	■	=
	:	10	=	

	+		=	62
+	■	+	■	+
16		4	=	
=	■	=	■	=
32			=	82

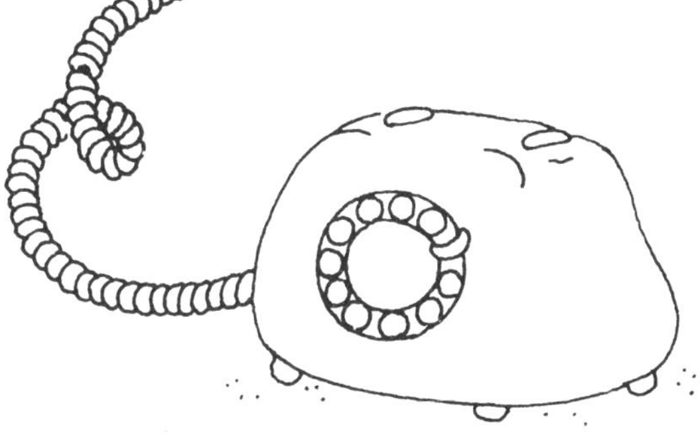

 Mots fléchés 

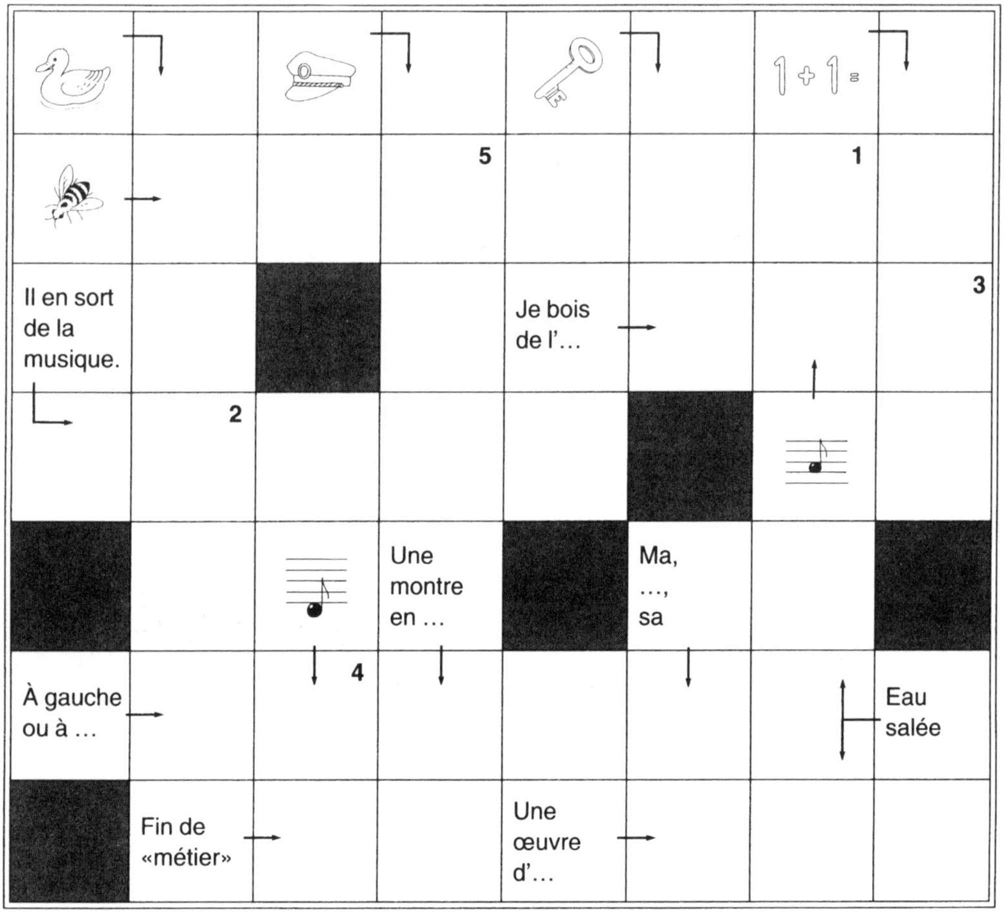

						1 + 1 =	
			5			1	
Il en sort de la musique.		■		Je bois de l'…			3
	2				■		
■			Une montre en …	■	Ma, …, sa		■
À gauche ou à …		4					Eau salée
■	Fin de «métier»			Une œuvre d'…			

Recherche les cases portant un chiffre. Inscris, dans le train, les lettres correspondantes pour former un mot.

Qui se trouve dans le train?

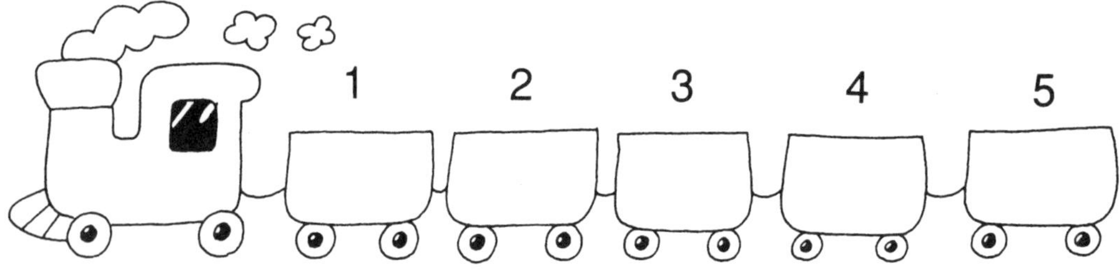